담산연구소 Damsan Institute 2022-1

Korean Classics
Pop Song to Royal Music

Musical Scores of Goryeo Gayo
고려가요의 악보와 해설

최범영 지음
Pom-yong Choi

최범영 Pom-yong Choi

·1958년 충북 청원에서 태어남

학력_
- 서울대학교 지질과학과(국어국문학 부전공) 졸업(학사)
- 충남대학교 지질학과 대학원(석사)
- 소르본느 대학(구 피에르와 마리 퀴리 대학)(이학박사)

경력_
- 1984년~2021년 한국지질자원연구원 재직
- 2002년 대한지질학회 학술상 수상
- 2003년 김선억상 수상
- 2007년 과학기술총연합회 지질과학 분야 논문상 수상
- 2003년~2004년 땅이름 [한겨레신문]에 72회 연재
- 2007년~2009년 사람이름 [한겨레신문]에 100회 연재

시집_
- 하눌타리 외사랑(예원출판사, 2003)
- 연이 걸린 둥구나무(현대시문학사, 2005)
- 고봉밥 어머니(다시올문학사, 2013)

저서_
- 말의 무늬(종려나무, 2010)
- 바람에도 흔들리는 땅(소명출판, 2015)
- 빨간 의자(소명출판, 2017)
- 게스트하우스 아말릴리스(종려나무, 2018)
- 설탕 두 스푼(종려나무, 2019)

논문_
- Depth dependency of stress ratios during the sedimentation of NW Gyeongsang Basin (Cretaceous), southeast Korea (Journal of Asian Earth Sciences, 2013)
- 광개토왕의 남정과정(역사21, 1, 1~53, 2003)
- 18세기 춘천의 慶州李氏家 호적문서에 등재된 사람이름의 특성(장서각, 30, 256-290, 2013)
- 쌍화점의 역사학(한국전통문화 13, 149-183, 2014)
- 신라어에서의 외래 요소(한국전통문화 15, 7-65, 2015)외 다수.

우리 동네 고양이들에게

머리말

　필자는 개인적으로 신라향가의 곡조가 어떠했을까 오랫동안 궁금했다. 2010년에 졸저 <말의 무늬>에 향가를 실으면서 낱낱 어떤 곡조로 불렸을까 궁금한 마음에 그에 가까운 고려가요 공부부터 시작했다. 필자는 지질학자이면서 언어학, 역사학 관련하여 저서와 논문도 냈다. 퇴직하고 온통 자유스런 시간을 보내며 2022년 초 여진어 사전 원고를 마치고 거란어 사전을 만들고 있는 중에 이 책을 내게 되었다.
　고려가 원나라의 지배를 받기 시작한 때의 왕인 충렬왕에 대해 관심을 기울이면서 필자의 언어학, 역사학 지식을 동원하여 '쌍화점의 역사학'이란 논문을 낸 적이 있다. 부제는 '충렬왕을 위한 변명'. 조선이 서고 딱 100년이 되던 해 성종임금은 그간의 음악들에 대해 검열하였다. 거기서 나온 말이 '남녀상열지사'이고 이에 속하는 가요들에 대해 곡조는 두더라도 가사는 바꾸라는 어명에 따라 한문 가사로 대치되거나 가사가 삭제되기도 하였다. 그렇다면 이전의 세종임금은 어떠하셨을까? 종묘 제례악인 보태평에서 어머니인 원경왕후를 위해 정명이라는 곡을 작곡하셨다. 이 음악이 종묘제례악에서 연주되는데 쌍화점의 곡조를 손본 작품이다. 현대가요가 그렇듯이 고려가요 또한 역사 환경과 문화 전반의 내용을 담고 있다는 것을 알고부터 고려가요에 대한 필자의 인식은 달라졌고 이를 계기로 공부하는 계기가 되었다. 역사 기록에 보이지 않았던 것들도 숨겨져 있었다. 이를테면 고려임금을 황제로 부른 기록이 후대에 변개되었지만 고려가요엔 남아있고 무가로 인식되었으나 임금을 위한 노래인 경우도 종종 있었다.
　고려가요에 대한 갈증은 오래전부터 있었던 것 같다. 1977년 대학가요제에서 이스라엘 민요에 얹은 노래 '가시리'를 불러 이명우 출연자가 상을 받기도 했다. 특히 쌍화점의 경우 현대에 들어 여러 음악가들이 가사를 바탕으로 작곡하였다. 개인적으로 필자는 김일륜 교수가 부른 쌍화점을 시인 모임 등에서 부르곤 하였다. 고려가요를 복원하는 일은 2008년 고려가요 연주단에 의해 음반으로 출간되기도 했고, 2011년 국립국악원 우면당에서 고려가요가 공연되어 숭실대 노래박물관 이름으로 음반이 배포되기도 하였다. 그 때 이 음반을 필자도 노래박물관으로부터 구할 수 있었다. 쌍화점의 역사학이란 논문을 쓸 때 아주 눈에 띄는 고악보 연구가 있었다. 다른 음악가들도 있겠지만 문숙희 교수의 논문과 저서를 접할 수 있었고 유튜브를 통해 공부할 계기를 만들어 주었다. 내게 고악보 공부의 문을 열어주신 분이라고 할 수 있다. 문숙희 교수는 2011년 우면당에서의 고려가요 공연을 주도한 분이시었다.
　음악은 수학의 함수라고 할 수 있다. 어떤 장단 해석 기준으로 정간보를 오선지 악보로 옮겼다 해도 그 결과물이 음악성이 없으면 허사일 테다. 여러 실험을 통해 음악성이 있는 경우를 고르다 보니 기존의 연구와 장단 해석이 다르기도 하고 필자가 정간보를 옮겨 적은 오선보들 사이에도 음악성의 차이가 생길 수도 있음을 알 게 되었다. 그러므로 하나의 정간보에 대해 두 개 또는 세 개의 악보가 준비된 경우도 있고 출전에 따라 곡조와 가사가 약간씩 달라 모두를 들여다 본 때도 있다. 이 책은 고려가요에 대한 필자의 '연구 노트'라고 할 수 있다. 필자의 음악 실험 과정을 보고 독자들도 쉽게 정간보를 읽게 된다면 '연구 노트'의 공개가 보람있는 일일 것 같다.

이 책은 논문집이나 언어학 등의 서적처럼 만들지 않으려고 애썼다. 오선보를 읽을 수 있는 분들을 대상으로 하기 때문에 논문처럼 관련 참고문헌을 굳이 들지 않고 '전문가에 따르면', '기존의 연구' 등의 표현으로 갈음했다. 고려가요 자료에 있어 국립국악원 홈페이지와 조선왕조실록 홈페이지는 필자에게 보물창고와 같았다. 누구라도 그 창고에 들어가면 시용향악보, 대악후보, 금합자보 등 전통 악보를 볼 수 있게 되어 있어 정말로 감사할 따름이다. 이러한 공부를 바탕으로 세종실록 악보인 만전춘의 곡조를 복원키도 하였다. 이 책에서는 한글 가사로 되어 있는 고려가요를 주로 다루었다. 한 문헌에서는 악보만 있고 다른 곳에 한글 가사가 있으면 곡조와 가사를 어찌 맞추어야 할지 여러 번 실험하였다.

자동연주기의 도움을 받아 필자는 노래를 직접 해보는 실험도 했다. 고려가요는 다양한 음역과 다양한 창법의 노래로 되어 있음도 확인되어 초벌 노래를 '고려가요tv'라는 유튜브 채널을 열어 소개중이다. 노래 가사가 어떤 뜻인지는 어떤 설명도 거의 하지 않는다. 여러 번 듣거나 부르다 보면 강원도 어느 산골에서 만난 어르신의 말처럼 나중에 이해되기 때문이기도 하거니와 팝송을 듣듯이 감상하면 될 것 같아서이다. 이후 미디 작업과 피아니스트 등의 참여로 제대로 된 음원을 공개할 계획이다. 어떤 노래는 몽골 초원 사람들의 노래와 어느 것은 중동의 것과 비슷하다며 누군가 내게 힘을 주기도 했다. 편곡을 한다 해도 노래마다 갖고 있는 특성 스펙트럼을 지우는 일은 없어야 할 것 같이 느껴진다. 오랜 세월동안 쌓인 것이기 때문에 후대의 어떤 장르에 맞추는 일도 하지 말아야 할 것처럼 생각되었다. 그런 까닭에 국악기의 특성에 맞춘 조 옮김도 하지 않은 그대로를 이 책에 실었다.

이 책을 내기까지 내게 피아노를 가르쳐 주시고 음악 이론에 대해 많은 지식을 전해주신 대전 피아스타 정지윤 선생님과 옥천 아크뮤직의 손설화 선생님, 늘 응원해 주시는 영동 난계국악단의 전우실 음악가, 음악 장단에 대해 토론해 주신 김성봉 음악가, 전통음악에 대해 배울 수 있도록 문을 열어 주신 숭실대 문숙희 교수님, 1인 출판사를 여는 데 큰 도움을 주신 종려나무 이종진 사장님, 고래실 이범석 사장님, 소명출판 박성모 사장님, 그리고 나를 늘 응원해주는 가족들에게 감사를 드린다.

아울러 기꺼이 이 책을 사서 읽고 고려가요에 대해 잘못 심어진 편견에서 벗어나 고려가요를 즐기며 시간을 보낼 독자들께도 미리 감사 인사를 보낸다.

2022년 11월
옥천군 이원면 담산연구소 화생당에서
최범영

차례

■ 머리말 2

1. 가시리 시용향악보 ············ 6
2. 쌍화점A 시용향악보 오잠 작곡 ········ 8
3. 쌍화점B 시용향악보 오잠 작곡 ······· 12
4. 쌍화점C 시용향악보 오잠 작곡 ······· 14
5. 쌍화점D 대악후보 ············ 16
6. 내당A 시용향악보 ············ 18
7. 내당B 시용향악보 ············ 20
8. 대왕반 시용향악보 ············ 22
9. 감군은A 대악후보 ············ 24
10. 감군은B 대악후보 ············ 25
11. 감군은C 대악후보 ············ 26
12. 나례가 시용향악보 ············ 27
13. 서경별곡A 시용향악보 ············ 28
14. 서경별곡B 시용향악보 ············ 30
15. 서경별곡C 대악후보 ············ 31
16. 대동강곡 시용향악보 ············ 32
17. 동동 대악후보 ············ 34
18. 뒷뎐北殿A 금합자보 ············ 36
19. 뒷뎐北殿B 대악후보 ············ 37
20. 뒷뎐北殿C 대악후보 ············ 38
21. 만대엽 대악후보 ············ 40
22. 만전춘 세종실록 악보 ············ 42

26. 상저가 시용향악보 ······ 46

24. 사모곡A 엇노리 시용향악보 ······ 48

25. 사모곡B 금합자보 ······ 50

26. 야심사 시용향악보 ······ 52

27. 유구곡 비두로기 시용향악보 ······ 54

28. 이상곡A 시용향악보 ······ 56

29. 이상곡B 시용향악보 ······ 58

30. 이상곡C 대악후보 ······ 60

31. 이상곡D 정과정곡A ······ 62

32. 정과정곡B 진작1 대악후보 ······ 64

33. 잡처용 시용향악보 ······ 68

34. 정석가A 딩아돌하 시용향악보 ······ 72

35. 정석가B 삭삭이 시용향악보 ······ 73

36. 청산별곡 시용향악보 ······ 74

37. 납씨가 시용향악보 정도전 작곡 ······ 76

38. 풍입송 대악후보 ······ 78

39. 생가요량 시용향악보 ······ 82

40. 대국I 시용향악보 ······ 83

41. 대국II 시용향악보 ······ 84

42. 대국III 시용향악보 ······ 85

43. 한림별곡A 대악후보 ······ 86

44. 한림별곡B 금합자보 ······ 90

45. 정읍사 대악후보 ······ 92

가시리
Gasiri

출전: 악/1:시용향악보27~28+ 2-4: 악장가사; 평조   오선보작업 최범영

[해설]

가시리는 시용향악보에서 귀호곡歸乎曲으로 제목을 달았고 속칭 '가시리'라고 주석을 붙였다. 가시리의 악보와 1절은 시용향악보, 2절 이후 가사는 악장가사에서 가져왔다. 가시리의 오선보 작업 결과는 기존의 연구에 근접한다. 어떻게 가실 수 있습니까? 나를 버리고 어떻게 가실 수 있습니까? 이렇게 한탄하는 분이 마지막으로 태평성대를 빌고 있는 것은 조금 생뚱 맞다. 아마도 이미 있던 노래의 후렴구를 차용한 것은 아닌지 의심이 되기도 한다. 주어 '나는'이 문장 뒤에 놓이는 것도 흥미롭다.

고려와 조선 때의 중세한국어에는 /·/(아래 아)가 참으로 많이 쓰였다. 현재에도 제주방언뿐만 아니라 곳곳에서 이 음소가 쓰이고 있다. 현대 한국인에게 /·/(아래 아)는 'ㅓ'로 들리는 경우가 많다. 이를테면 "우리 아덜이 넒은 디 있구믄사, 벌건 대낮에 뭔 지랄덜 허는 겨, 너리건낭 타세유(이상은 필자 고향에서), 우리 아그덜이 차 세우야 헐 거인디(전남 함평에서), 쪼맨헌 기 몰 안다꼬(경북 안강에서)" 따위 문장은 많은 사람들이 들어본 적이 있을 것으로 생각된다. 현대한국어의 음소 /ㅓ/는 [ə~ʌ]에 해당되고 /·/는 [ɔ~ɒ]에 해당된다. 영어 province(행정구역)의 발음은 미국식 영어로 [ˈprɑːvɪns]이나, 영국식 영어는 [ˈprɒvɪns]라 하며 /·/에 해당되는 음성이 포함되어 있다. 위의 용례들을 아래아가 들어있는 표기로 바꾸면 "우리 아ᄃᆞ리 ᄂᆞ픈디 있구믄사, 불건 대낮에 뭔 지랄들 ᄒᆞ는 겨, ᄂᆞ리건낭 타세유, 우리 아그들이 차 세우야 ᄒᆞᆯ 거인디, 쪼맨ᄒᆞᆫ 기 몰 안다꼬" 따위가 될 것이다.

아래아를 제대로 발음하느냐 않느냐 하는 문제는 중세한국어를 현대한국어의 틀에 가두느냐 그 자체 언어로 보느냐 하는 중요한 문제라고 생각한다. 이를테면 영국에 가서 영국식 영어를 하느냐 미국식 영어를 하느냐, '프러빈스/프르빈스'를 미국식으로 '프라빈스'라 말할 것이냐 하는 것과 같다 하겠다. 충북이 고향인 필자와 이웃들은 아직도 /·/를 많이 쓰고 있기 때문에 아래아에 대해 원어민으로 이야기할 수 있는 것은 조금 보람이기도 하다. 가시리에서 /·/가 쓰인 단어 'ᄇᆞ리다'는 현대한국어에서 '버리다'가 되었음에도 화자에 따라서는 아래아로 발음하는 경우가 종종 있다.[1]

시용향악보의 정간보를 읽는 방법에 대해 고악보 전문가들이 밝혀낸 사실은 평조인 경우 궁宮을 '솔'로 놓고 上一은 '라', 上二는 '도', 上三은 '레', 上四는 '미' 등으로 읽고, 또다시 下一은 '미', 下二는 '레', 下三은 '도', 下四는 '라', 下五는 '솔'에 해당된다는 것이다. 이들을 아래 음으로부터 적으면 "솔-라-도-레-미-**솔**-라-도-레-미"가 될 것이다. 이를 '5음 약보略譜'라고 하며 세조가 창안한 방식이라고 한다. 계면조에서는 궁宮이 '라'(林)에 놓인다. "솔-라-도-레-미-솔-**라**-도-레-미".

박자에 있어 가시리는 세로 한 줄에 장구장단이 네 개가 있어 장단마다 점4분음표 길이를 배당하며 고악보 전문가들은 12/8박자 곡으로 보고 있다. 많은 곡들이 가시리와 같이 12/8 박자이나 장구 장단과 못갖춘마디의 반복을 살핀 결과 4/4 박자인 경우도 있고 6/4박자, 8/4박자, 8/8박자. 24/8박자의 곡들도 있다. 정간보를 볼 때 특히 장구장단이 몇 개인가를 살피는 일은 그래서 중요하다.

정간보로 작성된 가시리의 '5음 略譜'와 서양 음계 대응

세종실록 악보에는 세종임금이 창안한 율명律名이 기재되기도 한다. 그래서 대악후보에서는 세종임금이 작곡한 곡은 율명과 5음 약보로 음악을 적기도 한다. 악보 첫 줄에 표시된 장구 장단은 다음과 같다.
● 고鼓 쿵; ∬요搖 더러러; ‖편鞭 따; ◎ 쌍雙 덩.

---

1) 표준어 /팥/과 /파리/는 중세 때 /ᄑᆞᆺ/~/ᄑᆞᆽ/과 /ᄑᆞ리/인데 고장에 따라 /폴/~/폿기/, /포리/라고 하는 곳도 있다.

[해설]

쌍화점의 제목은 시용향악보에서 쌍화곡雙花曲, 속칭 쌍화점雙花店이라고 소개한다. 악장가사와 대악후보에서는 쌍화점으로 기재되어 있다. 여기에서 악보는 시용향악보, 가사는 악장가사에 실린 것을 기본으로 재배열했으며 시용향악보에 실린 한문 가사는 싣지 않았다. 이 한문 가사는 성종이 곡은 두더라도 남녀상열지사의 가사만은 고치자는 의견을 따른 결과로 보인다. 쌍화점은 종묘제례악인 보태평 가운데 정명에 차용되기도 한다. 연구에 따르면 쌍화곡은 길군악으로 이어진다고 한다. 필자의 '쌍화점의 역사학'이라는 논문을 참조하면 조선왕조를 건국하고 딱 100년이 되던 해인 1492년 성종임금은 고려가요를 검열하였다. 그때 쌍화점에 대해 가사가 남녀상열지사라는 낙인을 찍어 악보에서 한글 가사를 파내고 한문 가사를 새겨 넣기도 하였다.

시용향악보에 실린 쌍화점의 정간보에 대해 고악보 전문가들은 4/4박자의 노래로 보고 있다. 세로 두 줄이 4박자에 해당된다. 세로 한 줄에서 굵은 선으로 된 세 칸이 1박자인 셈이다. 왼쪽 그림에서 보는 바와 같이 세로 한 줄이 4분음표 두 개가 배정이 된다는 것이다. 이를 바탕으로 오선보 작업을 한 것이 쌍화점A와 쌍화점B이다.

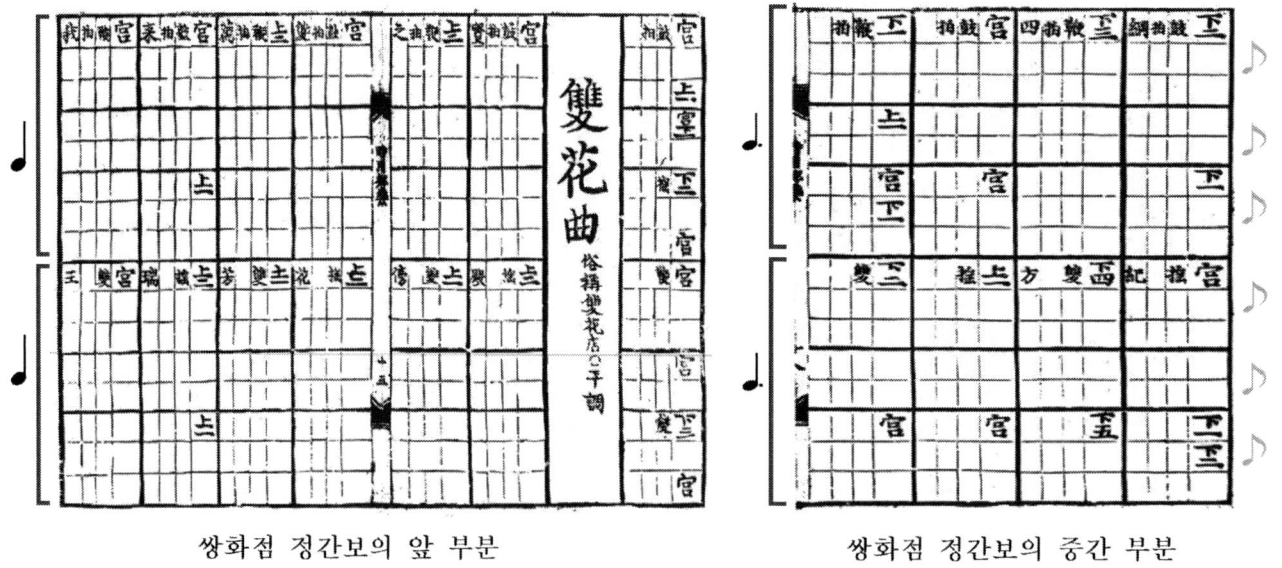

쌍화점 정간보의 앞 부분 　　　　　　　　쌍화점 정간보의 중간 부분

그러나 쌍화점 정간보의 뒤로 가면 보다 많은 음표가 있어 4분음표를 나누는 데 어려움이 있다. 오른쪽 그림의 왼쪽 두 줄은 '죠고맛감 삿기 광대'라는 가사가 놓이는 것으로 필자는 보았다. 이러한 사정 때문에 앞서 소개한 가시리의 12/8박자 악보처럼 장구장단마다 점4분음표를 배정하고 다시 굵은 선으로 표시되는 공간—대정간大井間—마다 8분음표를 배정하는 것이 옳아 보인다. 이 방식으로 오선보 작업을 한 것이 쌍화점C이다.

쌍화점의 작가에 대해 어떤 경우 유녀遊女의 노래로 보는 경우가 종종 있다. 쌍화 사러 가고 절에 등을 달러 가고 우물에 물 길러 가고 가게에 간 김에 소주 한 병 사오는 행위를 노는 여자의 행동으로 본다는 것은 현대에서도 불가능하다. 차라리 보통의 여인이 겪은 경험담을 소개하며 이야기가 펼쳐진다고 하는 것이 옳다. 남녀상열지사의 혐의를 받는 부분은 가는 곳마다 누군가 화자의 손목을 잡는다는 것이다. 뒤에 생략된 말이 있다. 그래서 꺼려진다는 말일 것이다. 악당보다 피해자인 보통의 여성을 나무라는 건 모순이다. 앞뒤를 살펴보면 쌍화점은 몇 개의 파트로 나뉘어 주연급 가수가 노래를 부르고 다른 가수 또는 가수들이 합창으로 "아 진짜? 너 그러면 소문이 크게 퍼질텐데" 하고 경계한다. 밥 먹듯이 외간 남자를 만난 건 아닌 듯하다. 그리고 다른 가수가 "거기 나도 가볼래" 라고 하자 본디 경험했던 주연급 가수가 "가 봐. 갑갑해 죽을 걸". 매우 교훈적인 말로 맺으며 노랫말의 스토리가 구성된다.

쌍화점의 작가는 행신幸臣이었던 오잠(또는 김원상)이라는 학설이 주를 이루는 것 같다. 고려때 궁중 음악은 주로 남성 중심이었던 것 같다. 가수가 남성이라 보면 될 것이다. 공연에 참가할 인원이 모자라자 무당이나 기녀 등을 뽑아 남자 옷을 입혀 활동케 하였는데 이를 남장대男裝隊라고 했다.

충렬왕 때에는 남성 가수가 주로 노래를 불렀던 것 같다. 그런가 하면 성현이 지은 악학궤범 5권에 소개된 정재—呈才—에서 동동이나 정읍사, 처용가 등의 노래는 여자 가수가 부른다.

쌍화점의 4절 노래 형식을 원나라 원곡—元曲, Mongolian drama—가운데 북방계열 북곡北曲의 형식으로 보는 견해도 있다. 남곡은 대사로 주로 채워져 뒤에 경극으로 발전하였고 북곡은 춤곡이 주를 이루었다고 한다. 무엇보다도 쌍화점은 궁중음악이라고 단언할 수 있다. 고려사 악지를 보면 속악에 삼장三藏과 사룡蛇龍이 있다고 했는데 이는 고려사절요 충렬왕 세가에 기록된 내용과 일치한다. 삼장은 2절 가사이고 사룡은 3절 가사에 해당된다. 현재 우리가 알고 있는 악장가사의 쌍화점가사는 기존의 곡을 아우르고 1절에 쌍화점 스토리와 4절 술도가(양조장) 스토리를 추가한 것 같다.

쌍화점의 내용을 언제 추가했는지는 알 길이 없다. 송경광고에 따르면 송악에는 다섯 신당이 있었는데 오정문 밖에 대국大國 신당과 덕물신당이 있고 대국신당에는 회회 세자 소상塑像이 있었다고 한다. 회회아비의 모델이 될 수는 없을까? 비유를 사실로 받아들이고 있는 건 아닌지 그런 비유를 남녀상열지사로 매도한 것은 아닌지 아직 풀지 못한 것들이 궁금하기만 하다.

충렬왕은 서른 아홉살까지 혼자 살았을까? 고려사를 보면 같이 살던 부인(태자빈)과 이혼하고 16살 된 원 세조 쿠빌라이 칸의 딸, 후두르게르미실과 재혼하면서 충렬왕의 인생은 엉망진창이 되었던 것 같다. 임금보다 스물 세 살 어린 부인의 패악질은 매우 심했다. 이전 부인(정화궁주로 강등) 문제로 왕을 괴롭히고 공녀를 뽑아 원나라 대신들에게 보내 잘 보이려 하곤 하였는데 어느 대신이 그의 딸을 내어주지 않자 그녀의 얼굴에 생채기를 내어버렸고, 절에서 만나기로 한 충렬왕이 늦게 도착하자 지팡이로 임금을 패기도 하였다.

일흔 한 살에 부인이 죽고 2년이 지난 해에 처음으로 공연된 쌍화점은 남녀상열지사라고 말하는 것은 충렬왕 입장에서 억울할 것 같다. 원나라 지배와 폭압에 억눌렸던 충렬왕이 마음으로 해방된 때라 할 수도 있으니 말이다. 생물학적으로 일흔 세 살의 노인이 얼마만큼 성적 자유를 누렸을까 하는 문제는 제쳐두고 그의 해방감은 단지 한 여인으로부터의 해방감만은 아니었을 것도 같다.

어휘;

쌍화: 허균의 도문대작을 보면 쌍화와 만두가 함께 나열되어 있으며 같은 종류이나 쌍화가 만두라고는 할 수 없을 듯하다. 확정할 수는 없으나 고려 때 만두는 화쥐얼花捲, 쌍화는 교자일 가능성이 있다.
가고신딘: 가고싶은데. 긔 /gïi/: 그 /gï/: 거란어 ㅁ /qi/ 'that'. 우뭇 룡이 ← 우믌 룡이; 그 짓 아비 ← 그 짒 아비; 죠고맛감 ← 죠고맛간; 업다 ← 없다; 덦거츨다 ← 덦거츨다(빽빽하다, 갑갑하다; 충청방언 '없다 : 읎다' 참조).

쌍화점 B
Ssanghwajeom B: Dumpling Shop

출전: 악: 시용향악보15~21 + 1-4: 악장가사; 평조

오선보작업 최범영

[해설]

쌍화점의 가락을 4/4박자로 볼 때의 문제는 1박자를 맡는 대정간 세 칸에서 둘째 칸에 음표가 오느냐 셋째 칸에 음표가 오느냐에 따라 1박자를 어떻게 나눌까 하는 문제가 있다. 세 칸 중 첫칸과 셋째 칸에 각각 음표가 오는 경우 쌍화점A는 점8분음표 ♪.와 16분음표 ♪로 나누어 놓은 경우이고 쌍화점B는 모두 8분음표 ♪로 나눈 경우에 해당된다. 일부 고악보 전문가가 복원한 쌍화점의 오선보는 쌍화점B를 택하고 있다. 필자의 주관적인 느낌이지만 쌍화점A가 보다 경쾌한 리듬을 자아내고 있으며 쌍화점C에 가까운 리듬감을 주고 있다.

시용향악보에는 쌍화점이 한문 가사로 되어 있어 악장가사의 한글가사로 대치하여 입히는 작업은 매우 어려웠다. 후렴구의 배열은 참으로 어려웠다. 이러한 작업에 한문 가사 또한 기존의 한글 가사가 놓였던 자리를 지키고 있어 본디 악보를 복원하는 데 소중하게 쓰였다.

[해설]

    쌍화점C는 쌍화점A나 B보다 음률이 자연스러운 것 같다. 쌍화점C의 가사는 악장가사 가사를 바탕으로 고려 표준말이었을 법한 표기로 바꾸었다. 특히 명사와 토씨가 연음되어 있는 것을 나누어 적었다.

    대악후보에는 특이하게 다시 작곡된 버전의 쌍화점D가 한글 가사와 함께 실려 있다. 가사를 알지만 곡조를 몰라 현대에도 몇몇 작곡가들이 가사를 바탕으로 작곡하였다. 한 때 필자는 김일륜 교수가 부른 쌍화점을 박건호 시인, 마광수 교수, 나태주 시인, 찰랑찰랑의 이자연 가수도 참가한 시인 모임이나 유수의 고고학자, 역사학자, 인문학자들과 함께 있던 자리에서도 부른 적도 있다. 쌍화점이란 영화에도 쌍화점이란 노래가 불리는데 원곡처럼 느끼게 하나 이 또한 창작곡이다. 대악후보의 저자들 또한 이러한 작업을 했다는 것이 매우 신기할 따름이다. 물론 전통음악은 저작권이 소멸되어 복원하여도 별로 이득이 없어 전문가들이 꺼려왔을 수도 있다. 그래서 새로이 작곡을 한 것은 아닐까? 그럼에도 필자는 고려가요를 공부했고 노래를 부르며 행복하다. 어느 날 가수로 대접 받아 어느 노인잔치나 칠순 잔치에 초대받아 간다면 그간 열심히 미디 공부도 하고 음원을 만들어 그를 챙겨 갈 생각도 난다.

쌍화점 D
Ssanghwajeom C: Dumpling Shop

출전: 대악후보6권

오선보작업 최범영

이 말솜 이 이 뎔 밧긔 나 명들명 샷 기 샹 재

네 말이 라 호 리 라   여음/간주

드 례 우믈 의 믈   을 길 라 가 고 신 디

우 믈 농 이 내 손 목 을 주 여 이 다   여음/피날레

여음/피날레

[해설]

　쌍화점D는 대악후보 정간보를 옮긴 것이다. 대악후보에는 음계뿐만 아니라 한글 가사도 포함되어 있다. 대악후보는 곳에 따라 악보를 적는 방법이 시용향악보와 완전히 다르다. 시용향악보의 장단을 이해하기 위해 장구 장단의 위치를 이용했듯이 대악후보의 악보 또한 이를 적용하였다. 그 결과 굵은 선(대정간)을 중심으로 첫째, 둘째, 넷째, 다섯째 구간에는 각각 점4분음표, 셋째와 여섯째 구간에는 점2분음표를 배당하였다. 셋째와 여섯째 대정간은 다시 2정간 : 1정간에 각각 점4분음표를 배당하였다. 쌍화점D는 시용향악보의 쌍화점과 노래가락이 많이 다르다. 조선시대 새로 작곡된 것으로도 생각된다.

대악후보의 쌍화점 정간보

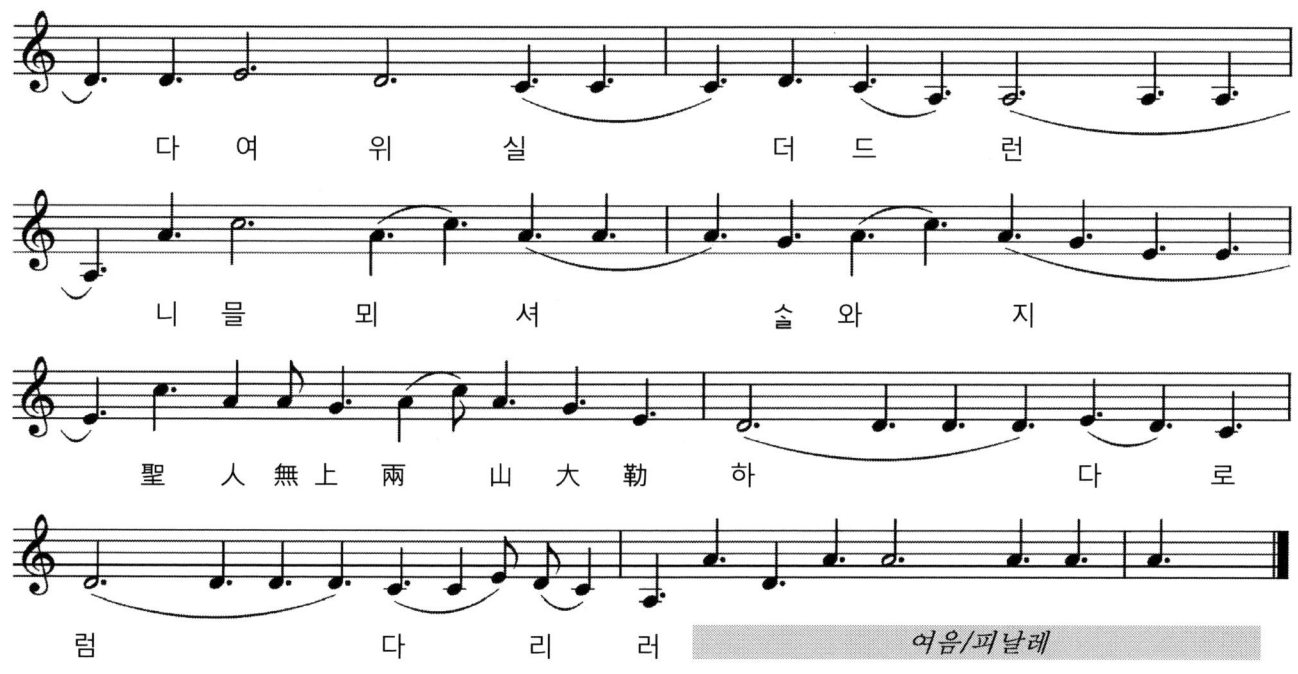

[해설]

　내당內堂A는 기존의 연구에서 제시한 악보와 유사하다. 시용향악보에서 내당의 정간보 첫 부분은 아래 왼쪽 그림에서 보는 바와 같이 12/8 박자로 제안되기도 하였다. 못갖춘마디를 고려할 때 이 곡은 24/8박자에 해당된다. 필자에게는 다른 생각도 있다. 그림에서 보듯이 내당의 끝부분은 4/4박자 쌍화점의 끝부분과 같다. 이를 볼 때 내당은 쌍화점처럼 4/4박자의 노래일 가능성이 높다고 하겠다. 오선보로 옮겨 보면 8분음표가 아주 많아 내당은 4/4박자라고 하기보다 8/8박자의 노래라고 하는 것이 옳을 것 같다. 내당B는 8/8박자로 정리한 오선보 악보이다. 4분음표 길이를 갖는 3정간에 있어 첫칸과 셋째 칸에 음이 기재될 때 쌍화점A와 쌍화점B처럼 점8분음표와 16분음표로 나눌지 두 개의 8분음표로 나눌지는 또 다른 숙제이다. 비율만 따지면 24/8박자를 8/8박자로 조정하는 과정은 전자의 음표를 1/3로 줄이는 과정이며 내당의 경우 상대적인 장단은 소소하게는 차이가 있으나 큰 차이는 없는 것 같다.

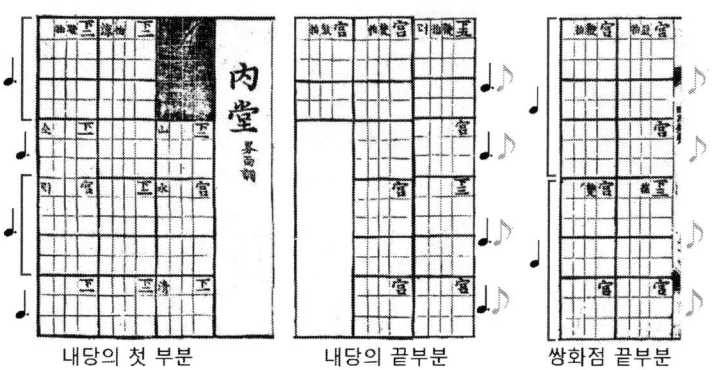

내당의 첫 부분　　내당의 끝부분　　쌍화점 끝부분

내당B
Naedang B

출전: 시용향악보54~61; 계면조

노래 최범영
오선보작업 최범영

[해설]

 "산골 물 시원한 소리와, 시원한 소리 속에서야 뒤척이며 물러나 있고 싶구나. 도랑에 오는 이는 사내 종 하나, 사내 종 둘, 그렇게 세어 사내 종 열 셋. 어서 빨리 바위 위에 폴짝 나타나라. 사내 종 열 셋이 다 야위게 되면 님을 모셔와 살고싶다." 화자는 누구일까? 그는 분명 본디 산골에 살지 않고 시원한 계곡물 소리를 듣는 사람도 아녔던 속세의 사람인 것 같다. 절집에 피접을 와서 수양을 하며 생활용품 대주러 지게 지고 산골짜기까지 오는 사내 종을 기다리며 저 밑에 오는구나, 어서 빨리 요 앞 바위 위에 나타나라고 하며 혼자 중얼거리는지도 모르겠다. 그리 속세와 떨어져 살다가 물건을 대줄 사내 종들도 힘이 빠져 못 올 때가 오면 그냥 부인까지 모셔 그곳에 살게 하고 싶어하는 것도 같다. 그건 사내의 소망사항일 뿐일 게다. 도시를 떠나 불편한 산골에서 살고 싶어할 여자가 어디 있을까? 예나 지금이나 같을 것이다. 이 노래의 화자는 내당 마님을 그리워 하는 것도 같다. 그래서 노래 제목이 내당이라고 하면 그간 왜 내당인지 조바심 나게 한 것을 용서해줄 수도 있겠다.

대왕반: ᄀᆞᄅᆞ와디

Daewangban: a Gorowadi

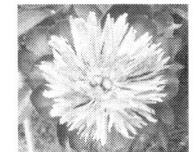

출전: 시용향악보61~62; 평조 **오선보작업 최범영**

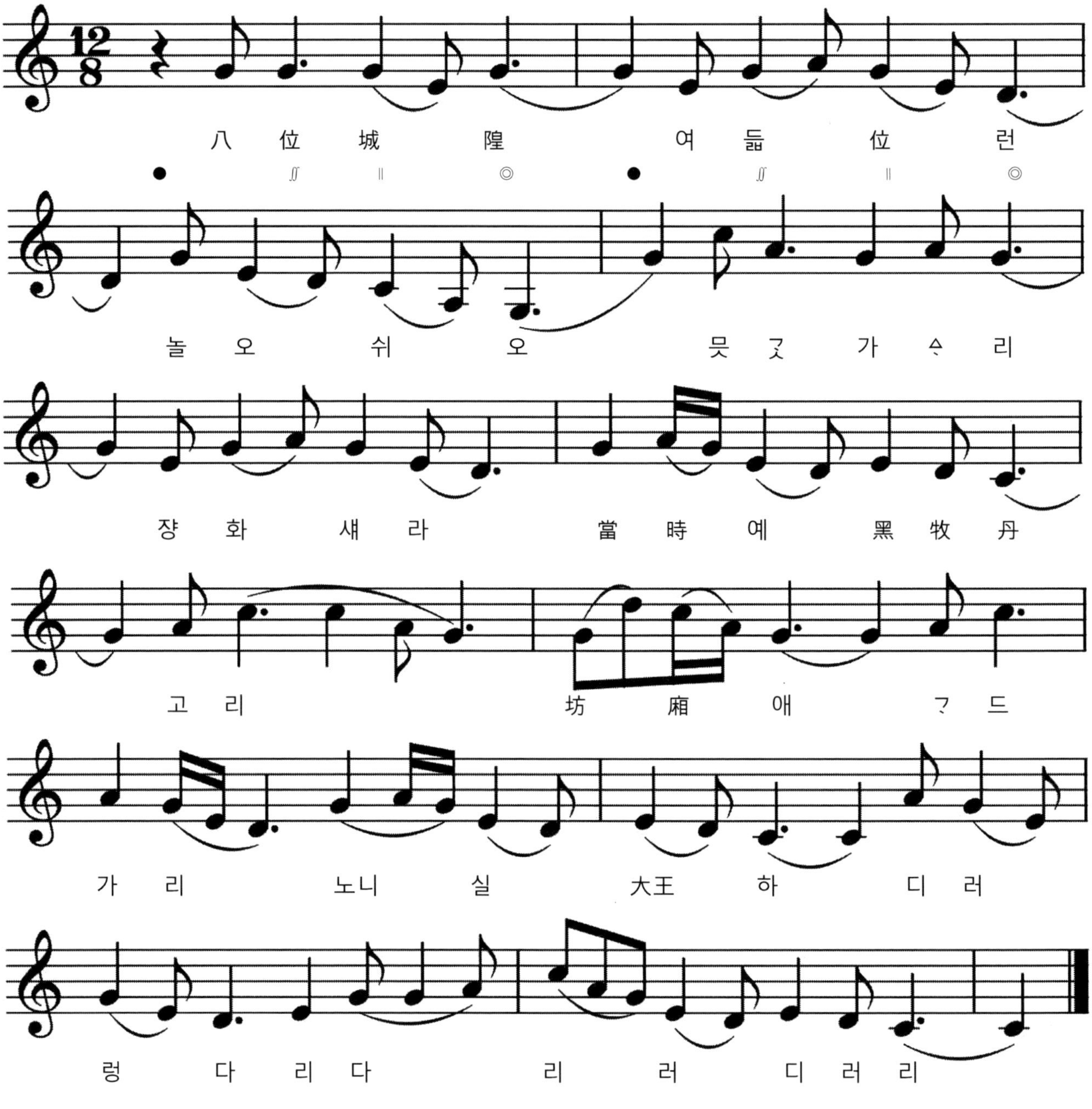

12/8
八 位 城 隍 여 듧 位 런
● ∬ ‖ ◎ ● ∬ ‖ ◎
놀 오 쉬 오 믓 ᄀᆞᆺ 가 ᄉᆞ 리
쟈 화 섀 라 當 時 예 黑 牧 丹
고 리 坊 廂 애 ᄀᆞ 드
가 리 노니 실 大王 하 디 러
렁 다 리 다 리 러 디 러 리

[해설]

시용향악보를 보면 대왕반大王飯은 ᄀᆞᄅᆞ와디 평조平調이고 내당內堂은 ᄀᆞᄅᆞ와디 악樂과 같다고 하고 있다. 앞서 소개한 내당과 어떤 연관이 있을까? 대왕반의 정간보는 그간 공부한 바에 따르면 세로 한 줄에 장구장단이 네 개가 있어 12/8박자의 노래이고 내당은 8/8박자인데 무슨 관련이 있는 것일까?

가사를 살펴보자. 팔위 성황은 여덟 명의 성황인 모양인데 그들은 놀며 쉬며 한단다. 한국민족문화대백과사전을 보면 여덟 성황은 팔도성황과 관련이 있을 수 있다고 한다. 이를테면 경상도 태백산 선왕, 전라도 지리산 선왕, 충청도 계룡산 선왕, 강원도 금강산 선왕, 경기도 삼각산 선왕, 함경도 백두산 선왕, 평안도 자모산 선왕, 황해도 구월산 선왕이다. 산신을 성황이라 하지 않고 선왕이라고 한다. 성황당에 서낭당이 온 것이 아니고 선왕당에서 서낭당이이 온 것은 아닐까 하고 착각을 불러일으키는 순간이다.

'믓ᄀ 가ᄉ리 쟝화'는 무엇일까? 쟝화라는 말을 보고 노류장화路柳牆花를 연상한 해석도 있다. 아무나 꺾을 수 있는 길가의 버드나무와 담밑의 꽃이라고 본 해석일 것이다. 이는 앞에 온 말을 제쳐두고 한 추정은 아닐까? '믌ᄀ+ㅅ'(물가+ㅅ)이 강가나 냇가를 이르고 가ᄉ리는 아마도 가장자리라는 말일 것이다 [가시연꽃으로 보는 견해도 있다]. '물가 가장자리 쟝화'가 여덟 성황이 놀고 쉬고 하는 모양을 보니 천하태평한 분들이라고 말하고 있는 것인데 아무나 꺾을 수 있는 노류장화를 끌어다 댄 것은 어긋난 해석임이 분명하다. 성황이 어찌 여성인 노류장화가 된단 말인가?

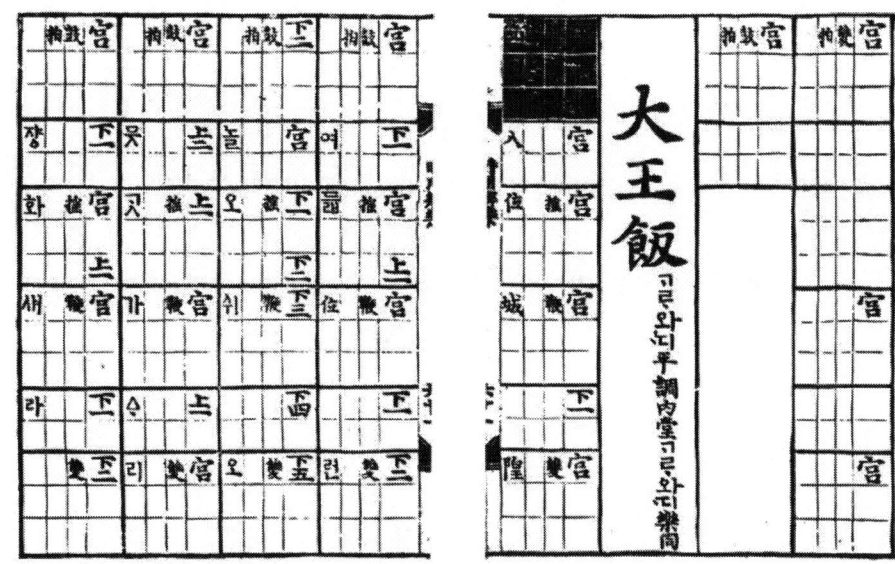

대왕반의 시용향악보 정간보

흑목단은 상상이 되는데 방상坊廂은 무엇일까? 한국사 데이터베이스에서 검색해보니 팔방상八坊廂은 고려 때 음악 연주를 맡았던 집단이라고 한다. 1264년 말 몽골에 갔다가 돌아오는 원종임금 환영식에서 팔방상이 두 줄로 서서 주악을 하며 임금을 맞았다고 한다. 800년전의 언어는 고어사전에도 나오지 않으니 어찌 글자 속까지 파고들어 이해할 수 있을까? 음악 장르를 이르는 말로 보이는 'ᄀᆞ로와디'를 비롯하여 모르는 말 투성이이다. 거란어 사전 만들다가 하도 머리가 지끈거려 도망쳐 옛 님인듯 다시 만난 고려가요 고려 말과 거란어야 엇다가 ᄀᆞ을ᄒ리오?

감군은A
Gamguneun A

출전: 악/1: 대악후보5권 + 2-4: 악장가사; 평조

오선보작업 최범영

감군은 B
Gamguneun B

출전: 대악후보6권; 평조
오선보작업 최범영

여음/피날레

[해설]

감군은感君恩은 임금의 은덕에 감사하는 노래이다. 감군은의 정간보는 대악후보 5권과 6권, 금합자보 등에 실려있으며 각각을 감군은A, 감군은B, 감군은C로 놓았다. 양금신보에도 실려 있으나 여기엔 싣지 않았다. 각각의 곡조는 약간의 차이를 보인다. 이 노래는 조선초의 작품으로 알려져있다. 감군은A가 원작으로 보이나 기록을 보면 뒤에도 여러 번 편곡이 된 듯하다.

감군은 C
Gamguneun C

출전: 금합자보; 평조   오선보작업 최범영

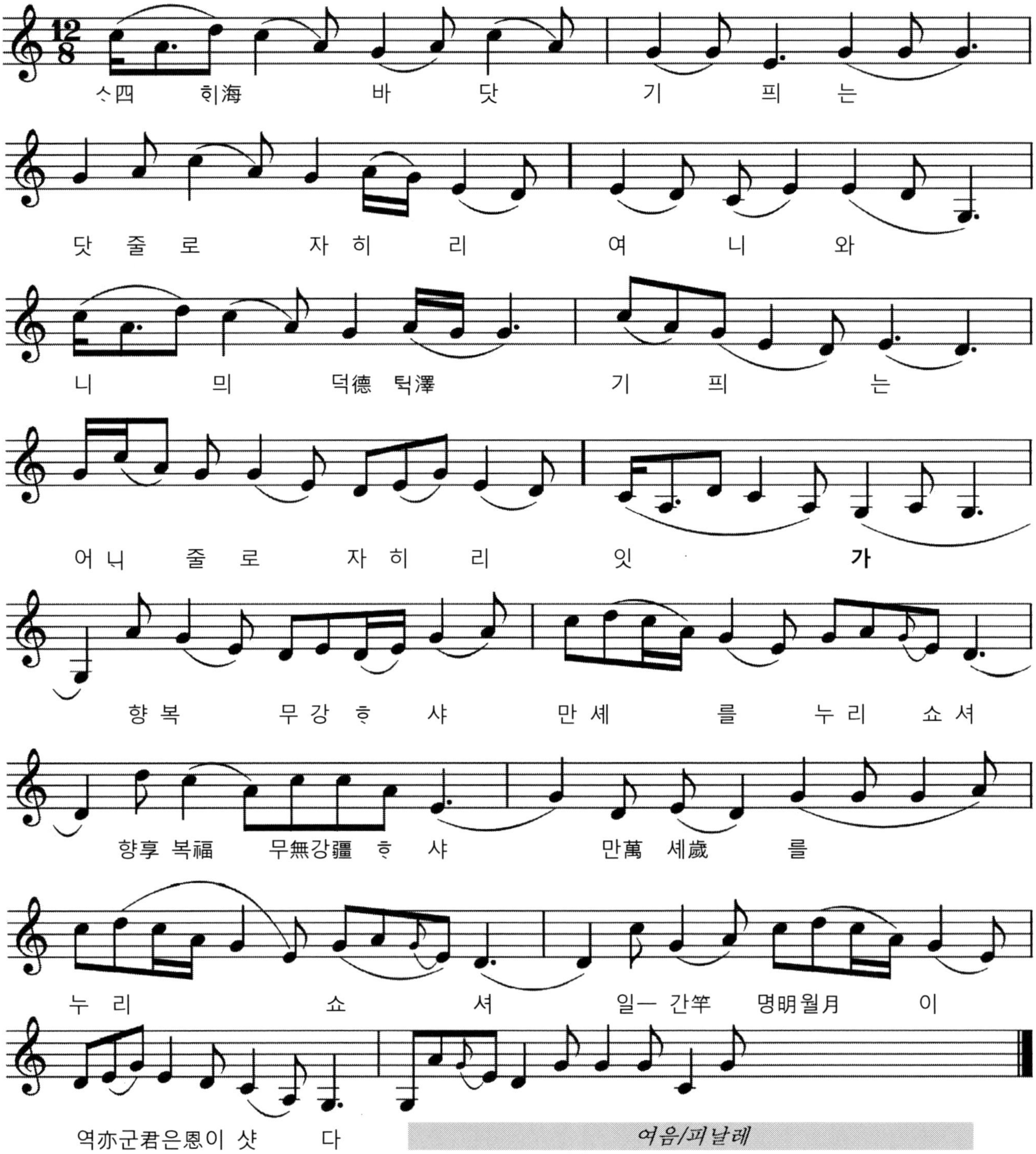

ᄉ四 히海 바 닷 기 피 는
닷 줄 로 자 히 리 여 니 와
니 믿 덕德 틱澤 기 피 는
어 니 줄 로 자 히 리 잇 가
향 복 무 강 ᄒ 샤 만 셰 를 누 리 쇼 셔
향享 복福 무無 강疆 ᄒ 샤 만萬 셰歲 를
누 리 쇼 셔 일一 간竿 명明 월月 이
역亦 군君 은恩 이 샷 다   *여음/피날레*

나례가
Naryega: Song of Narye Festival

출전: 시용향악보21~23+악장가사; 평조   오선보작업 최범영

[해설]

  나례儺禮는 고려, 조선초 버전 핼러윈 데이. 고려판 핼러윈 데이는 나령공 댁에서도 치러졌는데 이를 주관하는 사람이 광대였던 것 같다. 나례에서는 산엣 굿도 곁들였던 모양이다. 귀신 옷을 입었다 하니 방상시 탈을 썼을까? 시월 말에 열리는 핼러윈 데이와 달리 섣달그믐에 열리던 나례는 궁중행사로도 치러졌으며 조선시대에 들어와서 폐해가 생겨 금지되었다고 한다.

  문화는 어느 한 곳의 독점물이 아니고 이웃한 나라들과 공유하며 지역에 따라 색다른 방식으로 발전해 나간다. 켈트족의 문화가 미국의 주요 문화가 되고 다시 한국의 이태원 등에서 핼러윈 데이 행사가 이루어지는 장면을 생각해 보면 고려 때 나례가 부활한 느낌도 약간은 있다. 허나 이젠 2022년 10월 29일 이태원 핼러윈 희생자들을 기억해야 하겠다. 조선 초에 나례를 폐지한 사정도 다시 생각해 본다.

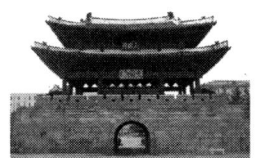

서경별곡A

Seogyeongbyeolgok A: Song of West Capital

출전: 악/1: 시용향악보14~15 + 2-8: 악장가사; 평조 **오선보작업 최범영**

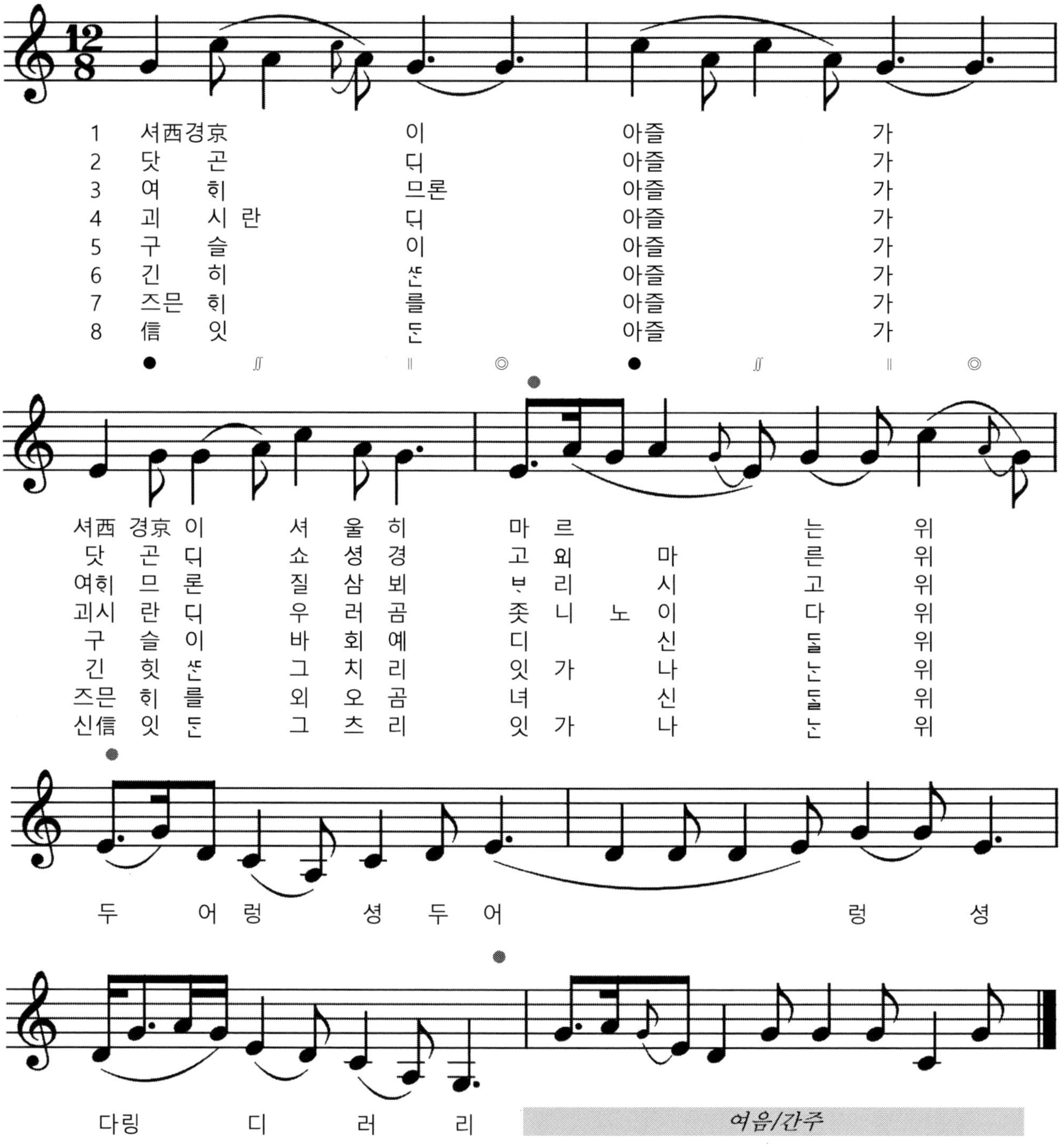

[해설]

악보와 1절 가사는 시용향악보를 바탕으로 하였고, 나머지 가사는 악장가사에서 따왔다. 가사 내용을 살피면 서경별곡 1절에서 8절은 지고지순한 여인의 사랑 고백이 담겨있고 9절 이후는 대동강 나루터에서 배 타는 어떤 사람이 뱃사공 부인을 넘보는 이야기이다. 앞의 화자는 여성인가 하면 뒤는 남성이다. 왜 이렇듯 해괴한 일이 벌어졌을까? 그 해답은 고려사 악지에서 찾을 수 있을 것 같다. 고려사 악지에 서경과 대동강이 다른 속악으로 분류되어 있다. 이를테면 서경별곡의 1절에서 8절까지는 '서경'이고 이후는 '대동강'으로 이해하도 될 것 같다. 화자와 가사 내용이 완전히 다르고 오직 곡조만 공유한 셈이다. 이 책에서는 1절에서 8절까지만을 서경별곡, 나머지는 대동강곡으로 분리하여 소개한다.

서경별곡은 고려가요 가운데 사랑의 표현으로는 백미라 할 수 있다. 구슬이 바위에 떨어져 깨진다 해도 구슬을 엮은 끈마저 끊어지겠는가? 천년을 홀로 산다 해도 님에 대한 믿음이 가실 줄이 있으랴? 하도 좋았던지 다른 고려가요에서 차용되기도 하고 곡조는 궁중음악인 정동방곡에 원용되기도 하였다.

서경별곡 정간보는 12/8박자 악보이다. 8분음표가 한 박자에 해당된다. 장구 장단(동그라미로 표시)을 기준으로 각 구간에 3박자를 배당한다(8분 음표 3개=점4분음표). 아래 그림에서 보는 바와 같이 왼쪽의 "두어렁성 두어"를 적은 칸은 '두', '렁', '성 두', '어'에 각각 3박자씩 배당이 된다. 첫 '두'는 2박자, 그 다음의 '어'는 1박자이다. 가는 정간 세 칸에 그려진 '두'는 다시 첫칸에 下一(미), 셋째 칸에 宮(솔)이 온다. 각음을 각각 한 박자로 하거나 또는 1박자 반 : 반 박자로 둘 수 있다. 서경별곡A는 뒤의 해석에 기초한 악보이고 서경별곡B는 앞의 해석에 기초한 것이다.

아래 그림에서 "두어렁성 두어"를 적은 악보의 경우 첫 칸의 박자는 ① 점8분음표와 16분음표로 두거나[서경별곡A] ② 8분음표 두 개로 둘 수 있다[서경별곡B]. 고악보 전문가들은 둘째 경우를 채택하나 첫 번째 방안도 고려될 수 있다. "다링 디러리" 악보의 경우 첫 칸은 16분음표와 점8분음표로 박자를 나눌 수 있어서 위와 같은 문제제기가 있을 수 있다.

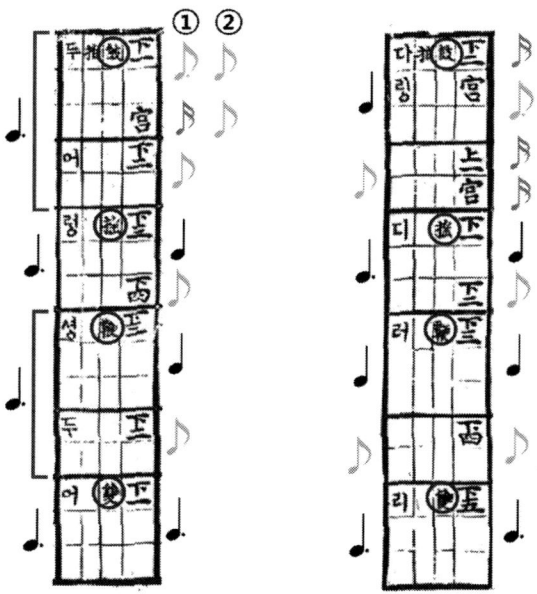

서경별곡의 정간보에서 박자 배당

서경별곡B

Seogyeongbyeolgok B: Song of West Capital

출전: 악/1: 시용향악보14~15 + 2-8: 악장가사; 평조

오선보작업 최범영

[악보]

[해설]

　서경별곡A와 서경별곡B는 정간보에서 3정간正間가운데 첫째와 셋째 칸에 음에 배치된 경우 두 음을 같은 박자로 배당할지 점8분음표와 16분음표를 배당하느냐에 따라 달라 다른 곡으로 두었다. 서경별곡B는 기존의 방식에 근접한다.

서경별곡C
Seogyeongbyeolgok C: Song of West Capital

출전: 악/1: 대악후보6권+2: 시용향악보14~15   오선보작업 최범영

[해설]

서경별곡C는 대악후보의 정간보를 옮긴 것이다. 1은 대악후보의 가사, 2는 시용향악보 가사이다 악보와 가사에서 표기상 대악후보는 시용향악보 정간보와 약간의 차이를 보여준다. 서경별곡C의 악보는 후반부에서 시용향악보의 곡조와 자주 달라진 모습을 보여주나 크게 보아서는 거의 같다고도 할 수 있다.

대동강곡

Song of Daedonggang River

노래 최범영
오선보작업 최범영

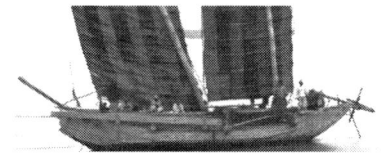

출전: 악: 시용향악보14~15 + 1-6: 악장가사; 평조

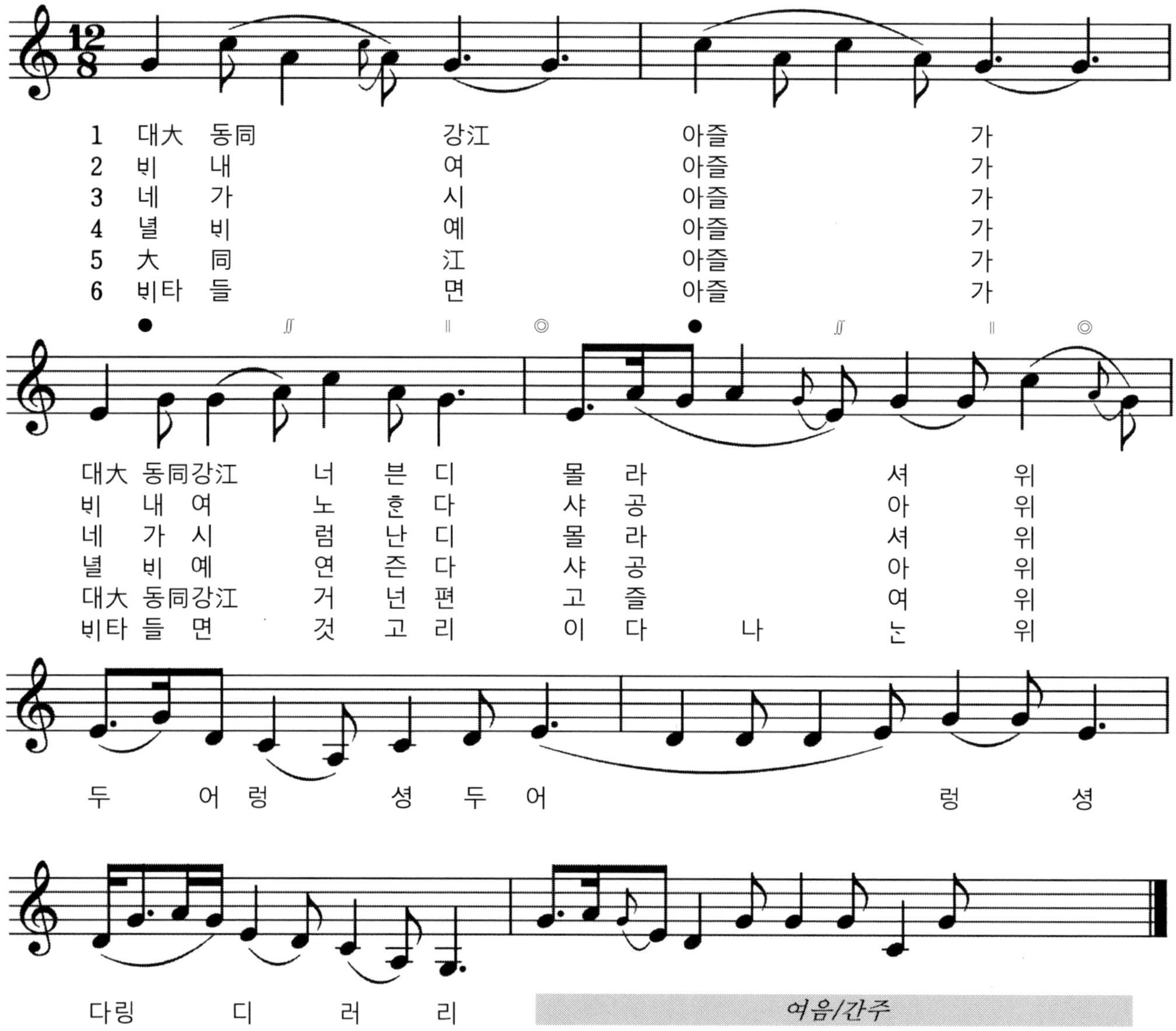
1 대大 동同 강江 아즐 가
2 ᄇᆡ 내 여 아즐 가
3 네 가 시 아즐 가
4 녈 ᄇᆡ 예 아즐 가
5 大 同 江 아즐 가
6 ᄇᆡ타 들 면 아즐 가
대大 동同강江 너 븐 디 몰 라 셔 위
ᄇᆡ 내 여 노 ᄒᆞᆫ 다 샤 공 아 위
네 가 시 럼 난 디 몰 라 셔 위
녈 ᄇᆡ 예 연 즌 다 샤 공 아 위
대大 동同강江 거 넌 편 고 즐 여 위
ᄇᆡ타 들 면 것 고 리 이 다 나 ᄂᆞᆫ 위
두 어 렁 셩 두 어 렁 셩
다링 디 러 리
여음/간주

[해설]
　서경별곡 1절에서 8절까지는 한 여성의 지고지순한 사랑 고백을 담고 있으나, 후반부는 대동강 나루에서 배를 탄 어느 사내가 뱃사공 아내를 넘보는 내용으로 채워져 있다. 이는 같은 노래 안에서 있을 수 없는 형식이다. 앞서 소개한 바와 같이 고려사 악지에서도 서경[별곡]과 대동강[곡]이 나뉘어 있음에 따라 악장가사의 서경별곡 후반부를 '대동강곡'으로 분리하였다. 서경별곡의 화자가 여성인가 하면 대동강곡의 화자는 남성이다.

　가시리에서처럼 '나는'이 문장 마지막에 오는 까닭이 필자는 매우 궁금하다. 화자인 남성의 생각을 따라가 보자. 대동강 폭이 매우 넓은가 보다. 고대한국어와 중세한국어서 '넓다'라는 단어는 없었다. '넙다'가 쓰였다. 근세에 들어 '넙다'와 '너르다'가 통합되며 '넓다'라는 단어가 생성된 것 같다. 그럼에도 언어는 옛 모습을 지키려 하여 70년대 나온 사전에 '넙적다리'라고 하였다. 최근에 발간된 사전엔 '넓적다리'가 표준말이 되었다.

　대동강이 얼마나 넓은지 몰라서 배를 빌려 대동강을 건너는 그는 저 건너편까지 가는 것이 무료했던지 엉뚱한 상상에 젖었던 것 같다. 에먼 뱃사공의 아내를 헐뜯는다. "네 마누라 너 몰래 딴 짓하는 줄 모르지?" 이런 말을 사공에게 대놓고 했다면 귀뺨을 맞았거나 고기 밥이 되었을 텐데 그런 것 같지는 않고 이런 상상을 하며 배를 탄 사내는 뱃사공의 아내를 배에 태우는 상상을 하고 있다. 만약 상상이 아니라면 그녀에게 "참 아름다우십니다" 하고 말이라도 붙일 텐데 그는 배에서 내리면 저기 예쁜 꽃이나 꺾겠다니 그의 심사는 참으로 야릇하고 짓궂다. 그런 심사를 가진 사람들 때문에 에먼 사내, 의처증에 빠질 수 있었으니 입밖에도 꺼내지 마시지 그랬사오니까? 이런 얄궂은 애정도 짝사랑 축에 들려나? 하긴 짝사랑이 상대를 해치지 않고 하는 최고의 사랑이라는 말도 있으니 내가 입을 다물어야겠다.

동동
Dong Dong

[해설]

　동동動動의 악보는 대악후보에 있고 그 가사는 악학궤범에 전한다. 그림은 대악후보의 정간보 모습이다. 정간보에는 셋째, 여섯째 칸뿐만 아니라 넷째 칸에도 음표가 빼곡하다. 이 정간보를 가시리나 청산별곡의 정간보처럼 세로 줄 한 줄의 각 대정간에 4분음표, 8분음표, 점4분음표, 4분음표, 8분음표, 점4분음표를 배당하면 첫째 칸과 넷째 칸의 경우 4분음표를 쪼갤 방법이 마땅치가 않다. 대악후보의 쌍화점 악보와 비슷하여 세로줄 한 줄에 대해 대정간을 기준으로 하여 첫째, 둘째, 넷째, 다섯째 구간은 점4분음표, 셋째와 여섯째 구간엔 점2분표를 배당하여 12/8박자(또는 24/8박자) 악보로 작업을 하였다. 이 작업은 여전히 문제를 안고 있다. 춤곡 동동은 4/4박자 정읍을 편곡한 곡인데 노래 동동과 장단이 다르게 된다. 4/4박자로 복원할지 12/8박자로 복원할지는 여전히 숙제로 남아있다.

대악후보의 동동 정간보

　고려사 악지는 고려 음악을 아악, 당악, 속악으로 나누어 그에 해당하는 음악을 소개한다. 속악은 고려가요에 해당된다. 속악에서는 첫째로 악기, 둘째로 무고舞鼓에 대해 설명하고, 그 이후 노래를 기술하고 있는데 3: 동동動動, 4: 무애無㝵, 5: 서경西京, 6: 대동강大同江, 7: 오관산五冠山, 8: 양주楊州, 9: 월정화月精花, 10: 장단長湍, 11: 정산定山, 12: 벌곡조伐谷鳥, 13: 원흥元興, 14: 금강성金剛城, 15: 장생포長生浦, 16: 총석정叢石亭, 17: 거사련居士戀, 18: 처용處容, 19: 사리화沙里花, 20: 장암長巖, 21: 제위보濟危寶, 22: 안동자청安東紫青, 23: 송산松山, 24: 예성강禮成江, 25: 동백목冬栢木, 26: 한송정寒松亭, 27: 정과정鄭瓜亭, 28: 풍입송風入松, 29: 야심사夜深詞, 30: 한림별곡翰林別曲, 31: 삼장三藏, 32: 사룡蛇龍, 33: 자하동紫霞洞 등을 소개하고 있다. 뜬금없이 대가야 곳곳을 노래한 우륵의 12곡이 생각난다.

　이 많은 노래 가운데 동동이 첫 번째로 꼽히고 있다. 다섯째 서경은 서경별곡, 여섯째 대동강은 대동강곡이다. 열두째 벌곡조伐谷鳥는 뻐꾹새—뻐꾸기—로 유구곡—비두로기, 비둘기—와 관련되는 것으로 보기도 한다. 열여덟째 처용은 처용가를 모티브로 한 것으로 보이며 27째 정과정곡은 정서가 귀양을 가서 그 억울함을 노래한 것이다. 삼장과 사룡은 각각 쌍화점의 2절과 3절에 해당된다. 풍입송과 야심사는 시용향악보에, 한림별곡은 대악후보와 금합자보에 기록되어 있다. 자하동은 조선시대 악공이 되는 시험의 주요 과목이었다고도 하며 대악후보에 악보가 수록되어 있다.

Musical Scores of Goryeo Gayo

뒷뎐A: 평조 북전
Backyard A

출전: 악/1: 급합자보`+ 2: 양금신보; 평조

오선보작업 최범영

[해설]

북전北殿은 '뒷뎐'이라고도 한다는 설명에 따라 뒷뎐이라 부르기로 하겠다. 금합자보琴合字譜는 선조 때 안상이 지은 거문고 악보집이라고 한다. 이 악보집에는 평조북전과 우조북전이 실려있다. 이를 각각 뒷뎐A와 뒷뎐B로 부르기로 하겠다. 뒷뎐은 궁궐 후원에서 벌인 공연이었던 모양이다. 연구에 의하면 고려 충혜왕 때 북전北殿 진작眞勺이라는 장르의 음악이 연주가 되었다고 한다.

뒷뎐A의 언어는 도저히 이해할 수 없는 단어들이 있어 사전을 찾아 보니 양금신보에 실린 가사로도 소개되어 있었다. 여러 설명을 필자가 이해한 것은 "흐리멍텅하게 누그러져 사랑할 거면 얼다 녹다 하며 따라 갑시다. 앞엣 까닭에, 벗님인 까닭에 풀솜 가위인 듯 어우렁더우렁 놉시다." 설면자는 풀솜이라고 한다. 그게 무엇인지 필자는 본 적이 없다.

북전北殿은 본디 고려가요에 속하는데 이 노래도 성종임금에 의해 한글 가사가 악보에서 파내지는 변고를 당한 모양이다. 대악후보에는 가사 자체가 없는데 이의 악보를 뒷뎐C라 부르겠다. 금합자보와 양금신보에 가사가 남아있는데 둘의 언어가 썩 다르다. 현대한국어 "따릅시다"는 "좃니져러" : "좃니옵새", "놉시다"는 "노니져" : "노옵새"로 대응되고 있다. 졸저 '말의 무늬'에서 한 말이 생각난다. "언어는 시간과 공간의 함수이다." 세 형태는 시간과 공간의 차이에서 오는 언어 차이일 가능성이 높다고 하겠다.

뒷뎐C는 대악후보에 소개되고 있으며 앞 부분은 뒷뎐A에 해당되는 것으로 보이며 여음이 네 번 나오는데 그 앞 부분에 만전춘의 후렴구 "원대평생에 여힐술 모ᄅ옵새'가 나오는 것으로 생각된다.

뒷뎐B: 우조 북전
Backyard B

[해설]

금합자보琴合字譜에 실린 우조북전이 뒷뎐B에 해당한다. 우조가 무엇인지는 전통음악 전문가에게 설명을 부탁해야 할 것 같다.

사람이름을 공부하며 보니 '뒷간이'를 한자로 北叱間(북질간)이라 적는 사례들이 있었다. 용비어천가를 보면 두만강 상류의 고장이름에 동량북東良北이 있는데 한글로는 '동량뒤'라 적고 있다. 북전北殿을 뒷뎐이라고 한다 하는 것은 어쩌면 당시 이두 표기로 당연한 일이었을 것 같다. 정사는 뒷전이라는 말이 있다. 충혜왕 때 북전 진작이라는 장르의 음악이 성행했다고 한다. 진작은 고려시대 빠른 장단의 음악이라고 하니 정사는 돌보지 않고 신나는 음악을 연주케 하며 노셨던 것 같다. 정사는 뒷전이라는 말이 정사는 안 보고 뒷뎐에서 놀기만 했다는 말일까? 공부가 덜 되어 그 이상은 알지 못하는 게 아쉽다. 역사 기록을 보니 서해도의 곡물을 북전으로 옮겼다고도 하고 처결이 잘못된 노비 가운데 자색이 뛰어난 여종을 북전에 묶게하며 실을 잣게 했다는 구절도 있다.

뒷뎐C
Backyard C

출전: 대악후보7권+ 가사: 금합자보+만전춘; 평조

노래 최범영
오선보작업 최범영

흐리 누-거 괴-어-시-든
어-누거 좃니져-러 젼츄젼-츄--로
벋-니미젼츄로 셜면 가시론-듯
범그러셔노니-져

원遠- 딕代 평平 생生 이 -
여힐--슬모르읍새 -   *여음/간주*

[해설]

뒷뎐C의 악보는 대악후보에 실려 있으며 가사가 온전히 밝혀진다면 여음 자리를 참고로 가사를 배열할 수 있을 것이다. 현재 악보에는 금합자보의 가사와 만전춘의 후렴구를 더해 넣었다.

만대엽: 늦은한닢
Mandaeyeop: Slow Chorus

출전: 금합자보; 평조

노래 최범영
오선보작업 최범영

여음/피날레

여음/피날레

[해설]

만대엽慢大葉은 금합자보 거문고 악곡인데 양금신보와 대악후보에도 기재가 되어있다. 연구에 따르면 "한자의 이름에 따라 늦은 한잎이라고도 하며 본디 중대엽中大葉, 삭대엽數大葉과 더불어 세 축을 이루는 곡으로서 고려가요 정과정곡鄭瓜亭曲에서 나왔다"고 한다. 뒤에 설명하겠지만 진작은 많은 악기의 도움을 받으며 부르는 노래인데 동래로 귀양간 사람이 그런 악기로 배경음악을 깔며 노래를 불렀을 것 같지는 않다. 진작1이 정과정곡 가사를 넣어 편곡된 것이고 그와 달랐을 정과정곡이 만대엽과 관련된다고 한다면 그를 확인할 공부가 필요한 것 같다.

대악후보에도 만대엽 악보가 있다. 정간보 기재 내용이 너무 복잡하다. 음은 알지만 어떠한 장단과 음길이를 기재하고 있는지 알 길이 없어 이 책에서는 싣지 못했다.

개인적으로 이 노래를 보통 속도로 불렀다. 나중에 알고 보니 시조 창에서처럼 아주 느리게 부르는 창법—가곡—의 원조가 바로 만대엽이라는 것이다. 이 장르를 마뜩하게 생각지 않은 분들이 조선 후기에 보다 빠른 창법인 중대엽, 그리고 삭대엽을 만들었다고 하는데 필자는 자세한 건 잘 모른다. 만대엽의 창법을 다른 고려가요에 적용하는 일이 가끔 있는데 필자는 매우 조심스럽게 생각한다. 3절만 있는 시조와 달리 때에 따라 가사의 양이 엄청난 고려가요를 만대엽 창법으로 소화해내기 쉽지 않기 때문이다. 세종실록 악보에 실린 봉황음 또한 가곡—악기 반주에 맞추어 부르는 시조—처럼 늘어지고 긴데 이 모두는 악보로 표시되어 있다. 다른 창법의 세종임금이 지으신 노래들과 뚜렷하게 비교 된다. 대악후보의 진작 또한 봉황음처럼 시김새도 많고 많이 늘어지는 창법을 구사해야 한다.

만전춘
Manjeonchun: Palace-filled Spring

출전: 악: 세종실록 악보 + 가사: 악장가사; 평조

노래 최범영
오선보작업 최범영

[해설]

　세종실록 악보의 만전춘은 한문이 섞인 가사, 대악후보大樂後譜의 만전춘滿殿春 악보는 한문 가사로 되어 있다. 둘 모두에 대해 악보 복원을 했으나 이 책에서는 세종실록 악보의 만전춘 곡조에 악장가사 노랫말을 얹은 것만을 실었다. 악장가사에는 만전춘별사라는 제목으로 되어 있다. 대악후보에는 노래 소절을 二, 三 ~ 六 등으로 표시하였고 소절 앞은 여음(餘音, 간주 또는 시김새)의 위치임을 나타내어 악보를 완성하는 데 큰 도움이 되었다. 이를 바탕으로 세종실록 악보의 정간보를 읽어내는 일은 매우 수월하게 되었다. 악장가사에는 5절의 앞 부분 "남산애 자리 보와 ~ 샤향 각시를 아나 누어"가 두 번 되풀이되나 세종실록 악보와 대악후보에서는 한번만 노래하는 걸로 되어 있는 듯하다.

44 고려가요의 악보와 해설

　화자는 1연에서 님을 만나 뜨거운 사랑을 나누며 밤새 지내고자 한다. 만남의 장소는 얼음 위에 댓잎을 깐 자리여도 좋단다. 얼어죽을 만큼 추위도 사랑으로 버틸 수 있겠다고 한다. 2연: 외로운 밤 서쪽 창문을 여니 복사꽃이 활짝 피어 봄바람도 웃게 한다며 외로움을 달래고 있다. 3연: 마음이라도 함께 있는 상상을 하고 있는데 님 보고 가지 말라고 우기는 사람이 있어서가 아닐까 생각한다. 4연: 자신을 오리에 투영하고 있다. 여울에 있지 왜 소에 와서 노는지 자신의 모습을 비추고 있다.

　그래도 소에 얼음이 얼면 얼음이 얼지 않는 여울도 좋으니 오라고 하소연한다. 5연에서는 비유가 너른 공간으로 확장한다. 잠자리는 남산, 베개는 옥산, 이불은 금수산. 대상은 사향각시라 하니 이 노래의 화자는 남성인 모양이다. 6연: 평생 이별을 모르고 살자고 하소연한다. 앞서 소개한 뒷뎐北殿C에 만전춘의 6연이 여러 번 나타나는 것으로 보인다. 세종임금이 즐겨하셨던 이 곡 또한 수난을 받은 노래 가운데 하나이다. 성종이 남녀상열지사로 낙인을 찍은 고려가요의 가사는 선정성에 있어 현대 가요의 수준에도 못 미친다. 그가 현대 가요의 가사를 본다면 눈 뜨고 못 보았을 것 같다.

　/숑/는 한자 沼(못 소)에 해당되는 중세한국어. /숑/+/애/ → 소해, /숑/+/곳/ → 소콧. 중세한국어 명사형 어미에 /-ㅭ/이 있으며 '다옰 없다'(무궁하다)처럼 쓰였다. /여휣/ 또는 /여힔/은 이별이라는 중세한국어. 이에 목적격 /을/이 덧대어져 있다. /ㅎ-/(하다)의 명사형은 /홇/. 주격이 오면 '홀시', 처격이 오면 '홀식', 목적격이 오면 '홀솔'이 되었다. '맞조읍사이다', '모르읍새'는 청유형으로 '맞춥시다', '모릅시다'의 뜻.

실록 악보에서 음계를 표시하는 율명은 다양하며 대악후보와 음계를 비교하면 다음과 같다.

음계	솔G	라A	도C	레D	미E	솔G	라A	도C	레D	미E
율명1		無무	黃황	太태	仲듕	林림	無무	潢황	汰태	
율명2			黃황	太태	姑고	林림	無무	潢황		
율명3	姑고	蕤유	南남	應응	太태	姑고	蕤유	南남	應응	汰태
율명4					上상	尺척	凡범	六육		
신제약정악보 평조	五	西	丅	下	下할	宮궁	上삳	上	上	
신제약정악보 계면조		五	西	丅	下	宮	上	上	上	

　율명1, 2, 3, 4는 주로 세종실록 악보에 나타난다. 율명1은 만전춘, 율명2는 정명과 봉황음, 율명3은 취풍형의 경우이다. 율명1과 2는 아악(본디 음계와 약간 다르다), 율명3은 향악의 악보 읽기에 해당된다. 율명1의 만전춘 악보에서 아래 음인 무—라—를, 율명3의 취풍형 악보에서 아래 음인 고유남응—솔라도레—를 빨간색으로 적었다. 율명4는 일부만 소개했는데 제례악에 쓰인다. 그런가 하면 세조실록 악보에서는 신제 약정 악보—5음 약보略譜—로 기재되기 시작한다. 율명으로 표기하는 방법이 곡에 따라 달라 이를 극복하기 위한 방편으로 만들어진 것도 같다. 또다른 율명인 궁상각치우는 궁이 황종궁인지 대려궁인지 협종궁인지 등에 따라 음높이가 자동으로 조 옮김되는 특성을 갖고 있다. 마치 해금의 어느 부분에 검지를 놓고 연주하느냐만 정해지면 그를 기준으로 도와 솔[宮]의 높이가 저절로 조 옮김되고 나머지는 도레미솔라인 양 그대로 연주하면 되는 방식과 유사한 것 같다. 세종임금은 절대 음높이를 설정하기 위해 율명을 제정하셨던 것 같다. 세종실록 악보의 조회朝會라는 곡은 다양하게 조 옮김 된 사례에 따라 궁상각치우가 어떤 율명에 해당하는지를 소개하고 있다.

상저가
Sangjeoga: Song of Mill

출전: 시용향악보32~34; 평조   오선보작업 최범영

듥 긔 동 방 해 나   디 히 히 얘

게 우 즌 바 비 나   지 서 히 얘

아 바 님 어 마 님 씌 받 줍 고 히 야 해

남 거 시 든 내 머 고 리 히 야 해 히 야 해

[해설]

　상저가相杵歌의 오선보 작업 결과는 기존의 연구에 가깝다. 상저가는 쌍화점C처럼 정간보 세로 한 줄에 점4분음표 두 개의 박자를 배당할 수도 있다. 이 노래의 제목, 상저가相杵歌에서 보듯이 서로 번갈아 찧는 방아인 모양이다. 디딜방아라면 한 사람 또는 두 사람이 발판에 발을 올려놓고 함께 힘을 주고 힘을 빼고 하여 방아를 찧는 것이고 두 사람이 번갈아 찧는 방아라고 한다면 절구공이를 들고 서로 내리찧기를 할 수 있는 절구 방아인 것같다. 杵는 절구공이를 이른다. 절구공이는 약 1미터 30센티 안팎의 길이에 지름이 10센티 안팎인 껍질 벗긴 통나무로 만들며 가운데는 두 손으로 잡을 수 있게 움푹 깎아냈고 양끝은 둥글게 깎아 움푹 들어간 절구 안에 놓인 알곡과 접촉하기 좋게 만들었다.

이 노래의 노랫말을 보노라면 공자의 말로 변명을 하고 싶어진다. "모르는 것은 모른다, 아는 것은 안다고 하는 것이 진짜 아는 것이다." 듥긔동이 무엇인지 확실히 모르겠다. 앞서 절구라고 했으니 긔동을 기둥이라 한다면 통나무로 만든 절구일까? '듥'은 무엇일까? 경상방언으로 들판을 이른다고 한다 하니 이를 믿고 해설을 해보면 갓 익은 보리를 털어 들판에서 방아를 찧는 것일까? 누구나 알고 있듯이 절구는 가볍게 들고 다닐 수 있는 물건이 아니다. 그냥 절구를 '듥긔동'이라 말했을 성도 싶다. 필자의 고향에선 절구통을 '돌구통' 또는 '도구통', '도굿대'라고도 한다. 고려 때 말 '듥긔동'에 보다 가깝다. '게우즈다, 게웆다'라는 말은 '거칠다'라는 뜻으로 해석하기도 하는데 '거칠다'라는 말은 고대시대에도 있었기 때문에(거칠부=荒宗) 고려시대에 없었으리라고 생각하기 힘들다. 사전을 보면 '게접스럽고 궂다' 라는 설명이 있다. '게접스럽다'는 '약간 지저분하고 더럽다', '궂다'는 '언짢고 나쁘다'. 필자가 어릴 때를 돌아보면 벼는 방앗간에 가서 도정을 하였고 절구에 보리 방아 찧는 모습을 간간이 보았다. 보리 방아를 찧을 때 가끔 물을 붓곤 하는데 그래서 그런지 보리방아 물방아요, 라는 말도 듣곤 하였다. 그리 찧은 보리쌀은 쌀에 비해 거피가 잘 되지 않고 가운데 심이 있어 매끄럽게 먹히지가 않았다.

아무튼 어린 처자 둘이 방아를 찧어 부모님께 밥을 해서 올리는 장면을 생각하면 여남은 살 된 누이가 해준 밥상에서 소금을 듬뿍 넣어 짜군 찌개도 아무렇지 않은 듯 맛있게 먹어주던 사촌 형님도 생각이 난다. 방아를 찧었지만 부모님께 드릴 밥밖에 되지 않아 남기시면 그를 먹겠다니 눈물이 난다. 필자의 시 '고봉밥 어머니'에서도 비슷한 이야기를 소개하고 있으니 말이다.

사모곡A: 엇노리
Samogok: Song for Mother

출전: 시용향악보11~13; 계면조

오선보작업 최범영

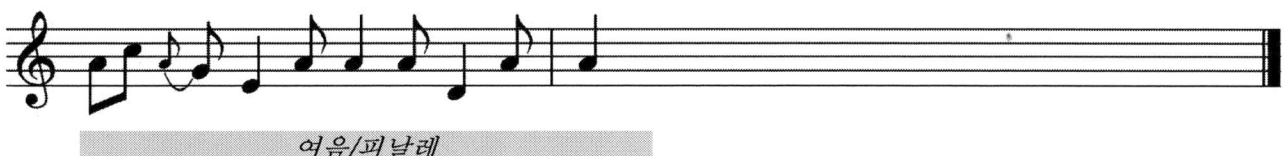

[해설]

　사모곡思母曲에 대한 오선보 작업 결과는 기존의 연구에 근접한다. 유행가 가사에서도 사모곡思母曲은 어머니를 그리워하는 애절한 노래이다. 태진아의 사모곡을 노래방에서 부르다 보면 나도 몰래 눈물이 난다. 고려가요 사모곡의 작가는 무슨 후회가 있어 아버지의 사랑을 폄훼할까 괘씸하기도 하지만 그가 주장하는 어머니의 사랑을 새겨보면 얼풋 동의해줄 마음이 생기기도 한다. 현대한국어 지식으로 번역하면 다음과 같다.

　호미도 날이지만 낫같이 들 리도 없습니다. 아버님도 부모이시지마는 어머님같이 사랑해주실 분은 없습니다. 여보세요, 여러분, 어머님같이 사랑해주실 분은 없습니다."

　이 노래에는 '어쁘새라'가 세 번 나온다. 첫째는 '없습니다'라고 옮기는 것이 맞다. 둘째 경우, 현대한국어에서라면 '아닙니다'라고 해야 할 말을 '없습니다'라고 하는 것 같다. '아버님도 어머님같이 사랑해주실 분은 없습니다'가 아니라 '아버님도 어머님같이 사랑해주실 분은 아닙니다'라고 번역하는 것이 옳을 것 같다.

　'없다'는 말이 아니오—부정어—로 쓰이는 언어를 몇 알고 있다. 그중에 중국어가 있다. "메이요 沒有". 둘째는 몽골어: "우꾸이". 내가 만나본 태국 사람 가운데에도 한국어로 말할 때 아니오, 하지 않고 '없어요'라고 말하는 경우를 본 적이 있다. 사모곡을 현대한국어로 다시 옮기면 다음과 같다.

　호미도 날이지만 낫같이 들 리도 없습니다.
　아버님도 부모이시지마는 어머님같이 사랑해주실 분은 *아닙니다*.
　여보세요, 여러분, 어머님같이 사랑해주실 분은 없습니다.

사모곡B: 엇노리
Samogok: Song for Mother

노래 최범영
오선보작업 최범영

출전: 금합자보; 계면조

괴 시 리   어 뻬 라   여음/피날레

[해설]

   금합자보의 사모곡B는 시용향악보의 사모곡A와 거의 같으나 약간 다르다. 노래를 하다보면 목소리에서 모링호르[마두금] 소리가 나는 아주 특이한 경험을 했다. 마치 이희문 오방신이 부르는 서도민요풍 경기민요와 비슷했다.

야심사

Yasimasa: Song of Night

노래 최범영

출전: 악/0: 시용향악보44~45+ 1-3: 악장가사 한글토; 평조

오선보작업 최범영

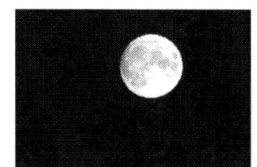

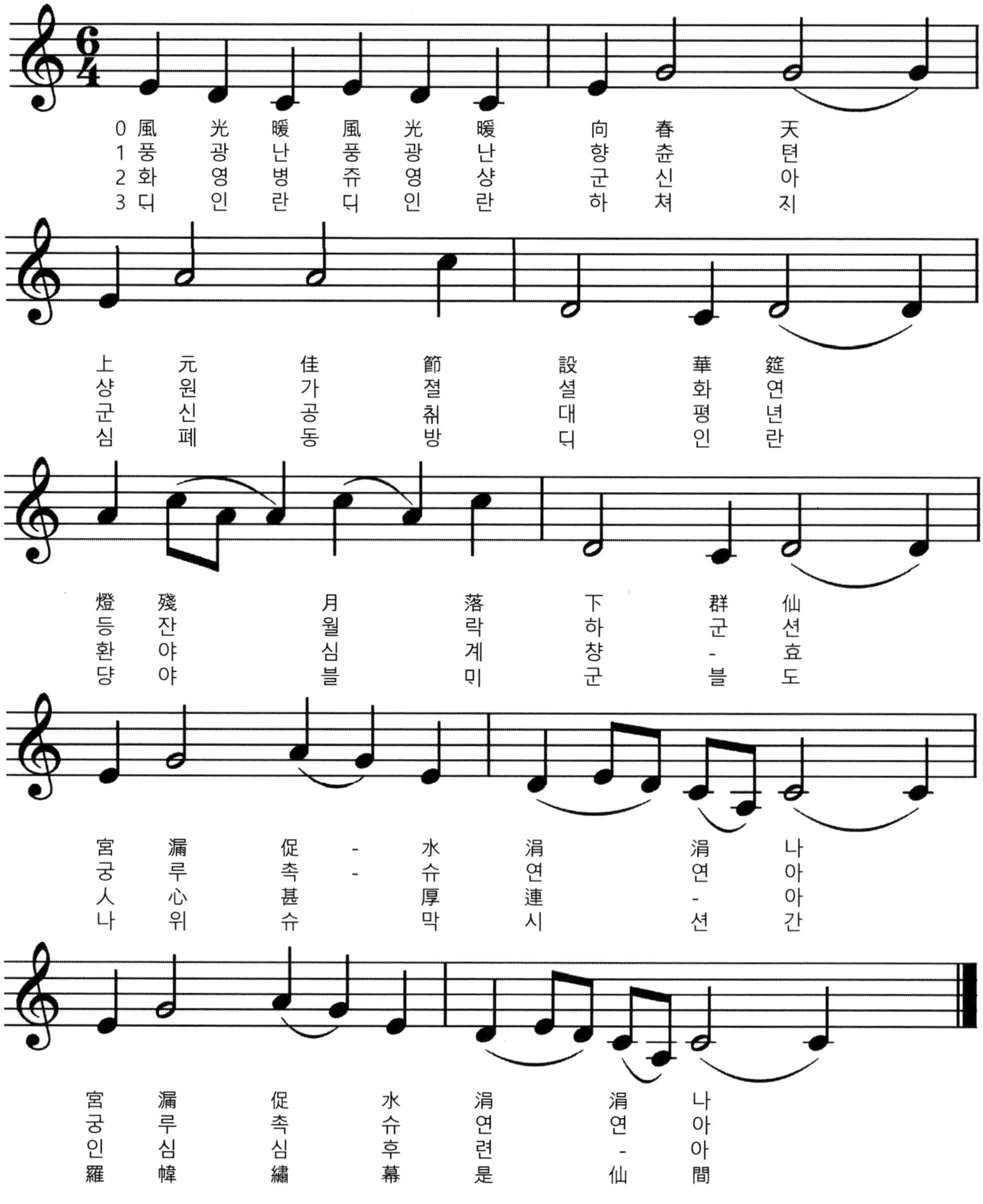

[해설]

 야심사夜深詞는 글자 그대로 하면 서양음악의 야상곡에 해당될 법하다. 한자로 되어 있어 이를 한글로 바꿀 때 악장가사에서처럼 중세한자음으로 적었다. "바람과 볕은 따시고 바람과 볕은 따시고 계절은 봄철로 가네. 정월 대보름 좋은 때에 화려한 잔치를 여세. 등불이 꺼지고 달도 지니 무릇 신선들도 내려오네. 궁궐의 물시계 재촉해도 물은 졸졸, 궁궐의 물시계 재촉해도 물은 졸졸". 1절 가사는 한글 가사였어도 좋았을 한시이다. 上元은 정월 대보름이라고 한다. 곡의 끝에 '나'를 붙인 까닭은 무얼까? 고려때에도 물시계가 있었는가 보다. 이를 발전시켜 스스로 종과 북을 치게 한 조선 세종 때의 자격루는 얼마나 위대한 발명품인가? 악장가사에는 3절의 가사가 한글토와 함께 실려있다.

 이 노래는 기존의 연구에서처럼 12/8박자로도 볼 수 있으나 그림에서 보듯이 세로 한 줄에 장구 장단이 여섯 개가 있으며 경우에 따라 하나 또는 두 장단이 생략되있다. 최대 박자를 고려할 때 야심사는 12/8박자 장단, 또는 4분음표 여섯 개로 된, 6/4박자일 것으로 생각된다. 정간보를 오선보로 옮기면 4분음표가 8분음표보다 훨씬 많고 주류를 이루기 때문에 세로 줄의 굵은 칸마다 4분음표의 길이를 배당하는 6/4박자로 야심사의 박자를 설정하였다. 이러한 박자는 뒤에서 소개할 풍입송風入松에서도 확인된다. 이로써 고려가요의 장단은 12/8박자, 4/4박자, 6/4박자 등이 있고 8/8박자, 8/4박자, 24/8박자도 있다. 야심사를 12/8박자 복원 방식—세로줄 하나를 크게 여섯 칸으로 나눌 때 첫째와 넷째는 4분음표, 둘째와 다섯째는 8분음표, 셋째와 여섯째는 점4분음표로 배당하는 방식—으로도 악보를 만들어 자동 연주장치로 연주해보면 필자의 생각으로는 6/4박자 방식이 자연스럽다.

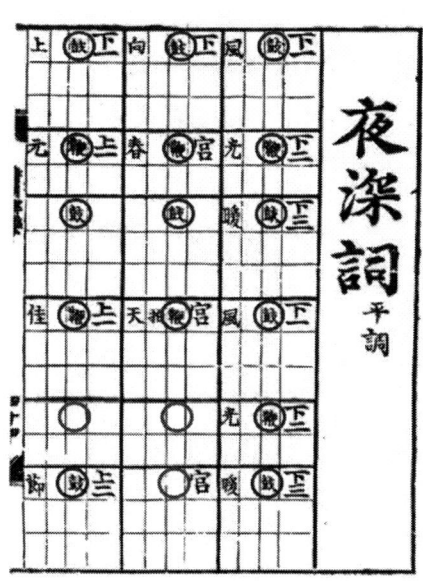

시용향악보의 야심사 정간보

유구곡: 비두로기
Yugugok: Song of Pigeon

출전: 시용향악보25~27; 平調   오선보작업 최범영

[해설]

유구곡維鳩曲을 통해 비둘기가 고려시대에는 '비두로기'라는 것을 알게 되었다. 새가 소리를 내는 것을 운다고 하는데 나는 마뜩치 않다. 우리 집에 놀러 오는 새 가운데 어치는 2음절 내지 4음절 단어 너댓개로 문장을 구성한다는 걸 알게 되고부터는 말을 한다고 해야지 왜 운다고 하냐 항변하곤 한다. "도피옷 도피옷 삐릭삐릭 삐힛" 하는 어치의 말을 두고 징징 운다고 하면 어치에게 큰 실례가 될 것 같다. 그런데 임금에게 이런 일 하지 말고 저런 일을 해야 옳다고 말을 하는 사람을 간관이라고 하는데 그들의 말을 울음이라고 해석하는 분도 있다.

비둘기는 '구구구', 또는 '꾸루꾸룩' 하고 소릴 낸다. 비둘기 '울음'을 임금에게 대드는 소리라고 한다면 비둘기가 곧이곧대로 말하지 않고 뻐꾸기처럼 '버곡당'하고 칭찬을 해주기도 바랬을 것도 같다. 비둘기가 뻐꾸기 소리를 냈을까? 참으로 흥미롭다. 연구에 따르면 고려사 악지의 예종睿宗이 지은 버국새伐谷鳥―뻐꾸기―라는 노래와 한 쌍이 되는 노래 같기도 하다. "버국伐谷은 새 가운데 가장 잘 운다. 예종이 자신의 잘못과 시정을 잘하고 못한 것을 듣기 위해 언로를 널리 열었으나 군중이 무서워해 말을 하지 못하지 않을까 하여 이 노래를 지어 비유로 가르쳤다"고 고려사 악지는 적고 있다.

거란어 비문을 공부하다가 鳩工(구공)이라는 단어를 알게 되었다. 기술자를 모은다는 말이란다. 維鳩盈之(유구영지)가 '비둘기가 가득히 산다'는 말이라고 하니 維鳩(유구) 자체가 비둘기를 이르는 말인 모양이다. 하여 시용향악보에서는 유구곡을 속칭 '비두로기'라고 하는 모양이다.

고려사 악지에 따르면 고려 시대 악기에는 [중세한국어에 가깝게 적으면] 거믄고玄琴[여섯 줄], 비화琵琶[다섯 줄], 가얏고伽倻琴[열두 줄], 대금大琴[열세 구멍], 장고杖鼓, 아박牙拍[여섯 매], 무애無㝵[장식이 있음], 무고舞鼓, 혜금嵇琴[두 줄], 피리觱篥[일곱 구멍], 등금中䈁[열세 구멍], 쇼금小䈁[일곱 구멍], 박拍[여섯 매] 등이 있다. 조선초 언어학자 최세진 선생의 훈몽자회를 보면 비파를 '비화'라고 하였다. 오래 통용되어 내려온 말로 생각이 된다. 만주어에서 쿠문은 악기를 뜻하며 현악기를 이르는 듯하다. 고대시대 남한 지역 땅이름에서 금琴은 /고/로 대응이 된다. 네모난 공간에 여러 줄을 배열한 악기를 그리 불렀던 것 같다. 신라가 삼국을 통일하고 우륵이 만든 '고'와 고구려 왕산악이 만든 '쿠문'을 구별할 필요가 있어 앞엣 것은 가얏고, 뒤엣 것은 꼭 검지도 않은데 玄琴=거문고로 한국어 사전에서 새로운 어휘들로 탄생한 것 같다.

두 줄로 된 현악기에는 한국의 해금, 몽골의 모링호르(마두금), 중국의 얼후(二胡) 등이 있다. 필자는 이 세 악기를 싼 값의 것들을 사서 연주해보곤 하는데 해금이 운지가 복잡하지 않아 초보자로서 연주하기가 다소 나은 듯하다. 혜금嵇琴은 아마도 해금奚琴을 이르는 것 같다. 구멍 뚫린 악기에 대금, 중금, 소금이 있는데 대금에는 琴을, 중금과 소금에는 䈁 자를 쓰는 것도 이채롭다.

이상곡A
Isanggok A: Song for Frosty Night

출전: 악/1: 대악후보5권:+ 2: 악장가사; 평조   오선보작업 최범영

[해설]

　이상곡履霜曲은 대악후보에 악보와 가사가, 악장가사에 가사가 전해진다. 정간보 악보를 살피면 장구 장단이 쌍화점의 그것과 비슷하여 4/4 박자 또는 8/8박자 악보로도 이해되고 중간에 장구 장단이 생략된 것으로 보면 12/8자 악보로도 이해된다. 이상곡A와 이상곡B는 8/8박자 악보일 것으로 보고 옮긴 오선보이고, 이상곡C는 12/8 박자 악보로 보고 옮긴 오선보이다. 8/8박자로 볼 경우 다음 그림에서 세로 한 줄은 8분음표 4 개가 배당이 된다. 그 다음은 어찌 나누어야 할지는 필자의 오랜 과제이고 어느 것이 옳은지 필자는 판단하기 어려워 두 가지 악보, 이상곡A와 이상곡B를 모두 만들었다.

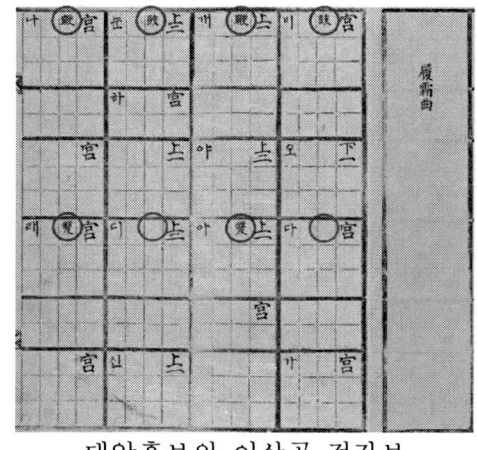

대악후보의 이상곡 정간보

이상곡 B
Isanggok B: Song for Frosty Night

[해설]

　이상곡A가 이상곡B보다 보다 경쾌한 양상을 보여주고 민요의 느낌과도 보다 가깝다고 필자는 생각한다. 대악후보 작가들이 어떠한 문법으로 정간보를 적었는지는 보다 공부가 필요한 것 같다.

　'잠 따간' 분은 누구일까? 애틋한 사랑을 나누었던 사람이었을까? 밤 서리를 밟으며 혹여 아니 오나? 서성이는 화자의 모습이 그려진다. 열명길은 이승과 저승을 잇는 길이라고 한다. 혹여 오다가 눈길에 낙상하진 않을까 애타는 마음을 달랠 길 없는 것 같다. 만난지 오래이지만 다른 새로운 파트너를 만들 마음도 없는 그저 한 사람에 대한 지고지순한 사랑을 펴며 마냥 기다리기만 하는 캐릭터로도 비쳐진다.

　영어 words는 '단어, 말'이란 뜻도 있지만 언약, 약속이란 뜻도 있다고 한다. You have my words. 내가 당신에게 말했으니 그 약속을 나는 지키겠다는 뜻이란다. 상대의 언약은 여기서 '긔약'이라 하고 있는 것 같다. 대악후보와 악장가사에 실린 두 가사 사이에 표기에서 약간의 차이를 보여준다. 사전을 찾아보아도 고려시대의 언어가 어떤 뜻의 말이었는지 알 길이 없는 경우가 있다. 여러 번 노래를 불러 보며 문맥으로 보아 대략 어떤 뜻이겠구나 하고 짐작만 할 뿐인 경우도 있다. 이는 현대한국어 방언을 이해하는 과정과도 같다. 같은 시대에 살지만 어느 고장의 언어는 도대체 이해가 되지 않는데 경험을 통해 이해하는 과정은 인간이 기본적인 언어능력이 있기 때문에 가능한 일일 것이다.

이상곡 C
Isanggok C: Song for Frosty Night

출전: 대악후보5권; 평조

오선보작업 최범영

[해설]

   대악후보의 이상곡 정간보는 12/8 박자로도 해석할 수 있다. 세로 한 줄은 12박자가 배당이 되며 굵은 선으로 표시된 각각의 칸은 3박자씩 주어진다. 이렇게 만들어진 오선보가 이상곡C이다.

   이상곡C는 이상곡A와 이상곡B보다 장중하다고 할 수 있다. 12/8 박자의 이상곡B는 조금더 애절한 느낌을 자아낸다. 이런 편에서 이상곡의 곡조로 이상곡C가 어울리지 않을까 하고 필자는 생각도 해본다.

이상곡D : 정과정곡A
Isanggok D: Song of Jeong Gwajeong A

[해설]

　이상곡의 마지막 소절을 가사 없이 여러 번 듣다가 그 곳에 정과정곡의 마지막 가사가 저절로 떠올랐다. 일설에 이상곡은 정과정곡의 곡조에 가사를 덧대어 만든 것이라고도 한다. 이러한 주장이 옳은 지 확인할 길이 없는데 이상곡C의 곡조에 정과정곡의 가사를 덧대어 보았다. 썩 잘 맞아 들어 갔다. 이를 이상곡D라 불러도 좋고 그냥 정과정곡A라 불러도 좋을 것 같다.

　정과정곡의 작자 정서는 고려 인종 때 사람으로 동래 정씨라고 한다. 동래 정씨에는 옥천 출신 향수의 작가 정지용 시인도 있다. 정서는 인종과 동서사이였다고 한다. 인종 때 총애를 받다가 임금이 바뀌어 의종이 즉위하자 모함을 받아 귀양을 갔다고 한다. 귀양처 또한 성씨의 고향인 동래라고도 하였다. 정서는 무척 억울했던 모양이다. 이에 노래를 지어 부른 것이 정과정곡이다. 그의 호 과정瓜亭은 오이밭 옛 정자에서 비롯된 모양이다. 오이밭에 있는 정자라 하면 어떤 모습이었을까? 혹시 원두막 정도? 아무튼 개경이 아닌 먼 곳으로 귀양 가서 산 모습이 연상되기도 하고 그 호를 들을 때 동정심이 생기기도 하고, 그냥 매우 시적인 표현처럼 생각하게도 한다.

　대악후보에는 진작眞勺이라는 제목으로 몇 개의 음악이 선보이고 있다. 정과정곡 가사를 바탕으로 한 노래들이다. 듣건대 진작은 고려시대 빠른 곡조를 이르는 말이라고 한다.

정과정곡B: 진작1
Song of Jeong Gwajeong B: Jinjak I

출전: 대악후보5권; 평조

노래 최범영
오선보작업 최범영

[해설]

    정과정곡鄭瓜亭曲의 가사가 있는 대악후보大樂後譜의 진작眞勺1은 보는 바와 같이 다른 고려가요에 비해 매우 길다. 악보를 여러 번 자동연주기로 들어보면 시김새―본 가락을 꾸며주는 장식음이나 짧은 잔 가락―이 참으로 많이 끼어 있어 가사를 어찌 소화해낼지 걱정부터 되었으나 이를 제켜두고 잇달아 부르면 되는 곡이었다. 헌데 동래로 귀양온 과정 선생이 오케스트라로 자신의 억울함을 노래로 부르진 않았을 것 같다. 아마도 오케스트라 협주를 위해 편곡되었거나 새로이 작곡되었을 가능성도 있어 보인다. 정읍사를 바탕으로 한 정읍井邑이라는 곡도 이와 같이 매우 길다. 시김새는 아무래도 피리나 비파 등이 맡았을 것 같고 묵직한 음색의 거문고 등은 가사가 불리는 부분에 기여를 했을 것 같다.

잡처용
Song of Cheoyong: Hymn for King Taejong

출전: 시용향악보63~69; 평조

노래 최범영
오선보작업 최범영

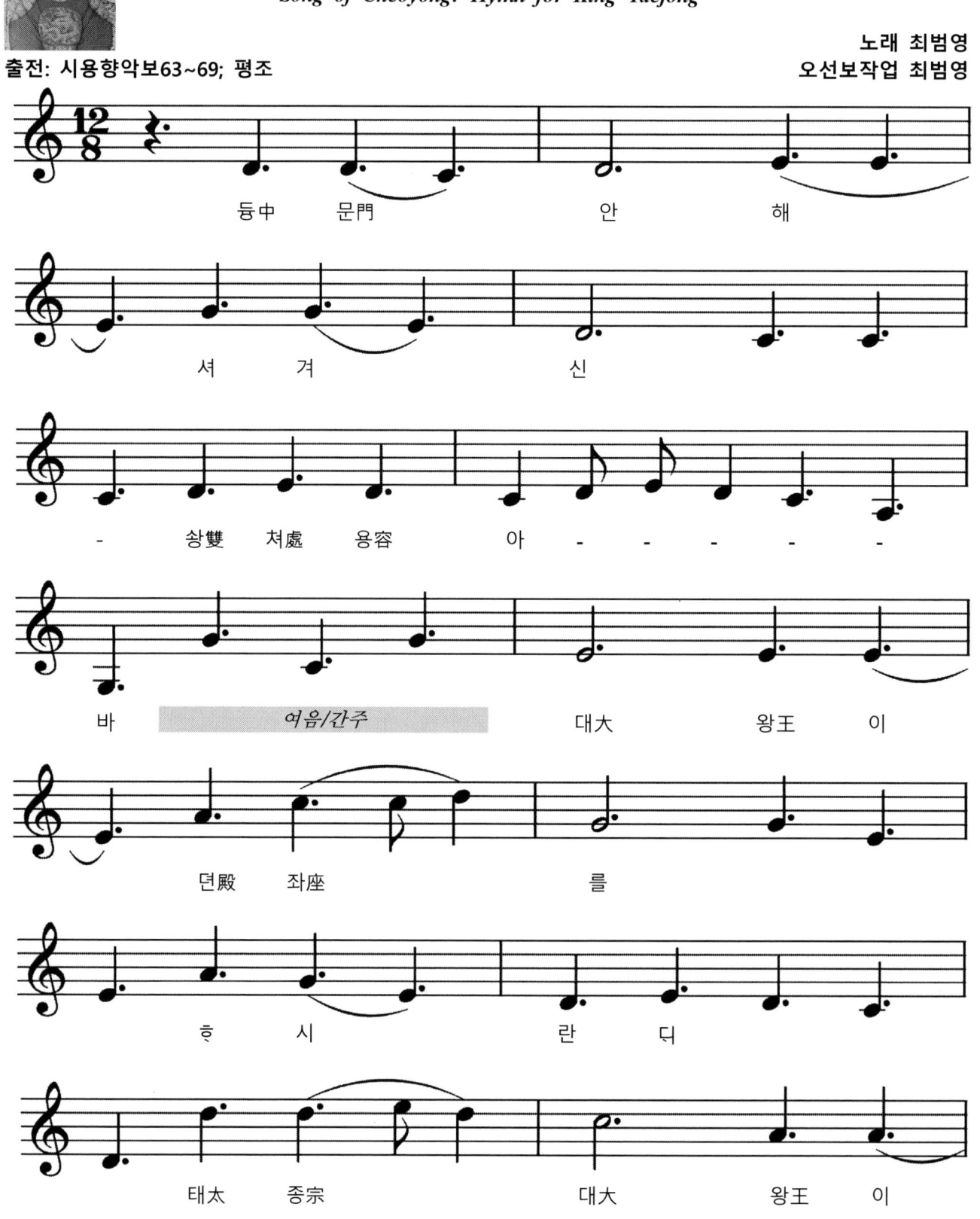

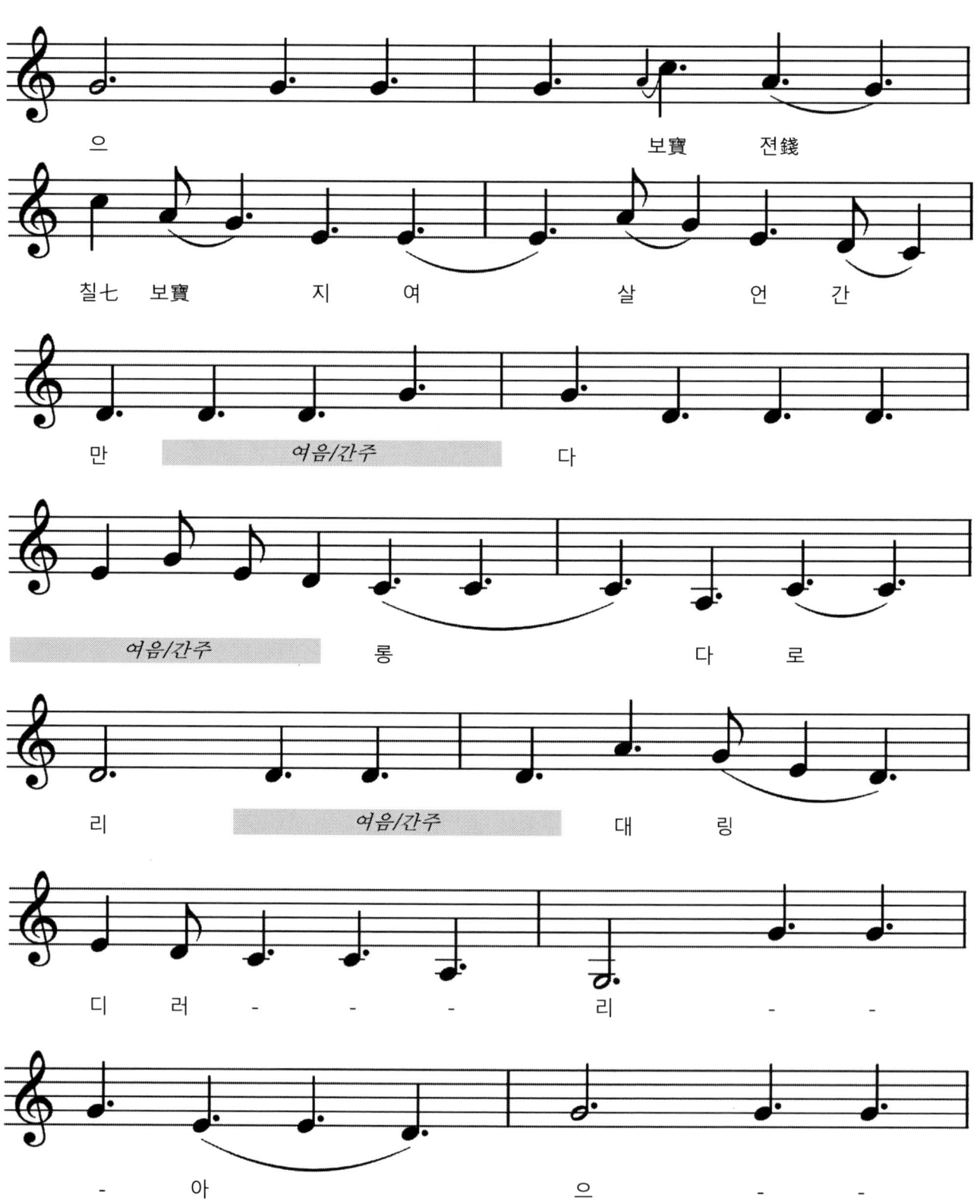

[해설]

　잡처용雜處容은 신라향가 처용가와 무슨 관계가 있을까 하는 의문부터 든다. 가사를 보면 처용과는 크게 관계가 없는 것 같다. 이 노래에 출연하는 태종대왕은 고려시대에는 태종이란 묘호가 없으니 조선시대 태종 이방원일 것 같다. 태종은 보위를 아들인 세종에게 물려주고 상왕이 되었다. 세종실록을 보면 그 때 세종의 일과는 아침 문후를 위해 태종이 거처하는 곳까지 매일 가서 문후를 여쭈었다고 한다. 긴 가마행렬에 백성들은 참으로 번다했을 것 같다. "오늘은 살곶이 다리(한양대 쯤)에서 꿩 사냥을 할 것이니 먹고 가라" 하면 세종임금은 "예" 하고 대답하셨단다. 그러자 상소가 올라왔단다. 임금이 정사를 돌보지 않는다는 상소였다. 그 말이 옳다 하신 뒤 세종은 아침 문후를 여쭙는 일을 줄였다고 한다. 여기 장면들은 짐작건대 태종이 상왕으로 물러나 새로운 궁궐―수강궁, 뒤에 창경궁―을 지은 곳의 모습 같다. 대궐의 수호신으로 쌍처용이 중문 안에 모셔진 것 같다.

　그런데 왜 잡처용이라 했을까? 잡스럽게 새긴 모습이라 그리했을까? 악학궤범과 악장가사에는 신라향가 처용가가 포함된 또다른 처용가가 실려있다. 혹시 잡처용은 이 처용가의 곡조를 고쳐 만든 곡일까? 악학궤범의 처용가 가사를 잡처용에 얹어 부를 수 있는데 잡처용 곡 네 번을 반복하면 다 부를 수 있다. 잡처용도 납씨가, 정동방곡, 유황곡 등과 같이 고려가요를 편곡하여 만든 것 같다.

　태종은 대마도 정벌의 지휘자였다. 세종은 선한 캐릭터, 태종은 강한 캐릭터로 그 당시 정치를 좌지우지하였다고 한다. 그런 태종을 위해 효자 아들 세종이 볼꺼리를 만들어 드린 것일까? 하다가 그게 맞다면 태종 찬가 주악이 있어도 그리 모양 빠지는 일은 아녔을 것도 같긴 하다.

　잡처용을 조옮김 없이 불러보니 필자는 테너 음역이 아닌 베이스 가수가 된 기분이 들었다. 중후한 음악을 누리고 있다는 기분은 마치 궁중 행사에 참가한 기분이랄까? 위 악보에서 잡처용을 12/8박자의 노래로 옮겼으나 못갖춘마디와 장구장단을 고려하면 24/8박자 또는 8/8박자의 노래일 수도 있다.

정석가A: 딩아돌하노리
Jeongseokga A: Dingadolha Song

출전: 악/1: 시용향악보23~24 + 2: 악장가사; 평조

노래 최범영
오선보작업 최범영

[해설]
　정석가鄭石歌의 1절은 2절 이후의 내용과 사뭇 다르다. 하여 1절만을 떼어 '딩아돌하노리'로 분리하였다. '딩아돌ㅎ'이 무엇인지 필자는 모른다. 이를 한자로 정석鄭石이라고 표기했는데 고려때 鄭의 한자음이 /딩/이었던 모양이다. '딩아돌'이 무엇이관대 계신다고 하고 선왕성대에 함께 놀자고 할까?
　정석가의 가사는 시용향악보와 악장가사 사이 약간의 차이를 보여준다. 시용향악보에는 ㅿ이 쓰였으나 악장가사에서는 'ㅇ'으로 바뀐 양상을 보여준다. 서울 지역에서 /ㅿ/은 16세기 이후 문헌에서 잘 보이지 않으며 이러한 사정은 시용향악보와 악장가사가 지어진 시점과 밀접한 관계가 있다고 할 수 있다.
　성종 때 성현 등이 지은 악학궤범의 처용가에서도 이러한 양상이 관찰된다. 세종 때라면 '즈ᅀᅵ'라고 해야 할 부분이 '즈이'로 표기되어 있다. 1493년 지어지고 뒤에 복각된 악학궤범은 무엇을 보여주고 있는 것일까? 시용향악보가 5음 약보로 된 점을 살피면 세종 때보다 뒤 시기, /ㅿ/을 살피면 성종 때보다 앞선 시기인 것 같다. 이러한 추정이 맞다면 시용향악보는 세조 때 만들어졌을 것으로 생각된다. 세조는 아버지 세종에 버금가는 음악가이다. 세종실록 악보에 소개된 한 줄 32정간의 율명 정간보와 달리 시용향악보는 16정간의 5음 약보의 정간보의 모습을 처음으로 보여주고 있으며 이후 음악문헌에서는 이와 같은 방식의 정간보가 쓰이게 된다.

정석가B: 삭삭이노리
Jeongseokga B: Love Song

출전: 악: 시용향악보23~24 + 1-5: 악장가사; 평조

노래 최범영
오선보작업 최범영

[해설]

정석가 2절 이후는 사랑가이므로 분리하여 '삭삭이노리'로 제목을 붙였다. 이 노래의 화자는 모래밭 벼랑에 구운 밤 닷되를 심어 거기서 싹이 나면 헤어질 수 있다니 말도 안 되는 억지를 부리는 것 같다. 그의 표현을 따라가 보자. 옥으로 연꽃을 새겨 바위에 접붙이고 거기서 세 움큼의 꽃이 피면, 무쇠로 철릭을 만들어 철사로 주름을 박고 그 옷이 다 닳고 달면, 무쇠로 황소를 만들어 쇠나무 산에 놓고 쇠 풀을 먹을 때서야 헤어질 수 있다니. 온갖 표현을 다 뽑아내어 현대에도 생각지 못한 싯귀를 만들어 내는 솜씨는 정말로 찬탄을 금치 못하겠다. 이 시의 백미는 마지막 6절이다. 구슬이 바위에 내리쳐 깨진다 해도 구슬 꿴 끈이야 끊어지겠습니까? 천년을 홀로 산다고 해도 신의야 멈추겠습니까? 필자는 시를 썼고 이제 소설을 쓰고 있지만 이런 표현을 지어내는 일이야말로 문학인의 일 가운데 첫째 일일 것 같다.

[해설]
청산별곡靑山別曲의 가사를 넣을 때 1절은 시용향악보의 것을, 2절 이후는 악장가사의 것을 실었다. 두 문헌 사이에 미묘한 표기 차이가 있다.
 시: 짜먹고 vs 악: 먹고
 시: 쳥산의 살어리라짜 vs 악: 청산애 살어리랏다
 시: 얄리얄리 얄라 얄라셩 얄라 vs 악: 얄리얄리 얄라셩 얄라리 얄라

청산별곡의 작가는 산을 헤집고 사는 사람일지도 모른다. 그도 나처럼 지질조사를 하느라 산에 오르고 날아가는 새들을 보면서 잠시 땀을 닦았을까? 홀로 출장지에 와 집에 두고온 가족 생각이 나 울고 또 밤이면 외로워 몸부림쳤을까? 괜히 난 눈물에 어디서 돌이 날아와 맞아 우는 거라고 너스레도 떤다. 필자는 강원도뿐만 아니라 서해안 지역과 바다 가운데 있는 섬들을 배를 타고 가 조사하였다. 영흥도 단골 식당에서는 주인 아주머니가 컨디션이 좋은 날이면 바닷가에서 나문재를 뜯어다 반찬으로 해주셨다. 청산별곡의 '느ᄆ자기'가 나문재인 모양이다. 굴은 역시 간월도와 천북, 가리비는 황금산, 키조개는 오천, 조개구이는 대부도 방아머리가 썩 좋았다. 청산별곡 작가도 내가 아는 고장 부근에 살았나 보다. 그리고 필자는 집에서 벽향주라는 술도 오래 담갔다. 쌀 한 말 담그면 16~19도 되는 술은 2리터짜리 페트 병 일곱 개를 채웠다. 이태동안 그리 하고 지냈지만 그 뒤 술단지는 내게 술을 허락하지 않고 식초를 만들어 주어 술 담그는 일은 그만 두었다. 피아노 치고 해금을 켜며 사는 삶을 청산별곡 작가도 즐겼나 보다.

납씨가
Song of Nagachu

출전: 악/1: 시용향악보1~2 + 2-4: 악학궤범; 평조

작곡 정도전
오선보작업 최범영

1	납씨	시	웅강	흐	야	입	구	동북	방
	納氏	恃	雄強	흐	야	入	寇	東北	方
2	我后ㅣ	倍	勇	흐	샤	挺	身	衡	心火	馳憂
3	裏瘡	不	暇救	흐	샤	追	奔	星	永
4	卓矣	莫	敢當	흐	니	東	方	永	無	憂

흐더	니	종	오	과	이	력	흐	니
흐더	니	縱	傲	誇	以	力	흐	시	니
흐더	니	一	射	애	偏	神	어	흐	고늘
흐시	니	風	聲	功	成	畏	擧	흐	시	니
		風	聲	功	成	固	在	此		

봉	예라	불	가당	이	로	다
鋒	銳라	不	可當	이	로	다
再	射애	及	魁가	戎	시	로	다
鶴	唳도	亦	可疑	萬秋	ㅣ	샷	다
垂	之	千				

[해설]

조선왕조를 세운 이성계의 가문은 그의 5대조 할아버지 이안사 때부터 두만강 동쪽 오동에서 살다가 토박이 우디거족(야인)과 불화로 함흥 일대로 이주하여 살았다. 이 동북면 지역에는 여진인들이 다수 살았다. 고려때 동북면 지역에는 두만강 북쪽의 공험진을 비롯하여 통태진, 평융진, 웅주, 길주, 복주, 영주, 함주, 의주 등 윤관 9성을 두었고 이러한 환경에서 이성계 집안은 세력을 키웠다. 이성계의 쿠데타에 참가한 여진족, 오랑캐족, 우디거족의 명단은 용비어천가를 장식하고 있다. 복주(단천)는 1091년 지어진 거란 사람 틀거이안 호토그니의 묘지명에 고려 땅으로 적혀있고 영주(북청)는 여진어 각석에 고려 땅이라 기재되기도 하였다. 이는 고려가 고려의 영토로 확인한 역사기록보다 앞서거나 비슷한 시기의 것이어서 의미가 크다 할 것이다. 공민왕 때 납합출納哈出이 동북면 지역에 쳐들어 왔다. 納哈出은 나가추 Nağaču로, 1320년~1388년 사이 생존한 원나라-명나라 장수이며 몽골의 짤라이르Jalayir 부족 출신이다.

알타이어의 한자 표기에서 哈은 /ga/ 또는 /ğa/를 표기하므로 '나하추'가 아닌 '나가추'라 불러야 옳다. 후금을 세운 사람 努爾哈赤 또한 '누르하치'가 아닌 '누르가치 Nurgaci'라 불린다. 현대 칼카몽골어 나가츠nagats, 중세몽골어 nağaču, 시버만주어 nakcu는 모두 외삼촌을 이르는 단어이다. 1362년, 공민왕 13년, 나가추는 부원세력들을 앞장세워 고려를 침공하였다. 연전연패를 하자 공민왕은 이성계장군을 동북면 병마사로 임명한다. 이성계 군대는 나가추와 싸워 대승을 거두었다. 이를 기려 정도전이 납씨가를 지었다고 한다. 이 노래는 청산별곡과 가락이 매우 비슷하며 청산별곡에 있는 후렴구가 없는 양상이다.

고려가요를 고려속요라고 부르기도 하는데 귀족이나 왕족은 누리지 않은 음악처럼 갈라치기 할 위험이 있다. 고려가요는 당악이 아닌 향악, 고려 시대 한국음악을 가리키며 다른 고려가요에서도 보겠지만 납씨가에서와 같이 고려-조선시대 궁중음악의 일부로도 활용되었다. 납씨가는 청산별곡을, 정동방곡은 서경별곡을, 정명은 쌍화점을, 형가는 가시리를, 유황곡과 융화는 풍입송을 바탕으로 지어졌다.

악장가사에서 납씨가와 정동방곡은 아악가사로 분류되고, 종묘제례악은 속악가사로 분류되어 있다. 언뜻 드는 생각은 아악이냐 속악이냐의 경계가 참으로 흐리터분한 것 같다.

[해설]

  풍입송風入松의 악보는 시용향악보에 한문 가사와 함께 실려있고 악장가사에는 한문 가사와 한자음을 반영한 한글 가사가 실려있다. 고려사 악지에도 풍입송의 한문가사를 실었다. 고려사 악지와 시용향악보 사이 처음 도입 가사에서 차이를 보인다. 전자는 해동천자海東天子, 후자는 성명천자聖明天子. 후자의 경우 천자는 중국의 임금을 가리킬 수 있으나 전자의 경우는 고려임금을 가리키고 있다. 역사서에서 찾아보기 힘든 '고려 임금이 천자, 황제'라는 구절이 풍입송에 보이고 있다. 풍입송은 임금님 찬양가이다.

생가요량: 임금님 찬가
Saenggayoryang: Hymn for Emperor

출전: 악/1: 시용향악보28~32 + 2: 한글토: 필자; 평조

노래 최범영
오선보작업 최범영

1 笙 歌 寥 亮 　 玉 庭　 爲 報 聖 壽 萬 年 萬 萬 壽　 玉 殿 階 　 前 排 庭 會　 今 宵 秋 日 到 神 仙
2 싱 가 료 량 　 옥 뎡　 위 보 셩 슈 만 년 만 만 슈　 옥 뎐 계 　 젼 비 뎡 회　 금 쇼 츄 실 도 신 션

[해설]

고려임금, 고려 황제 찬가인 풍입송에 이어 또다른 고려 황제 찬가인 생가요량笙歌蓼亮을 소개한다. 이 악보는 이미 전문가에 의해 8/4박자로 복원이 된 것이며 필자의 오선보 악보작업 결과와 거의 같다. 황제를 어전에서 알현할 때 만세, 만만세를 외치는 모습이 저절로 연상이 되는데 이는 중국 사극을 많이 본 탓일 것도 같다.

이 복원 악보대로 노래를 불러 보면 앞 부분은 마치 중앙아시아 초원 사람들의 노래가 들리는 듯도 하다.

대국 I
Daeguk I

출전: 시용향악보73~74; 평조 오선보작업 최범영

[해설]

대국大國은 세 개의 노래로 되어있다. 대국도 소국이라고 노래하는 대국III이 본디 본바탕인데 이를 피해 대국I이 외교사절이 왔을 때 불려진 노래처럼 생각도 된다. 대국I은 외국 사신이 와서 큰 잔치를 벌이는데 술이며 고기를 진설하고 있는 모습이다. 장창瘴은 풍토병이라고 한다. 그 잔치 상차림에 별대왕이 나타나 400여 가지 질병을 퍼뜨리지 않을까 걱정도 한다. 필자의 오선보는 기존의 연구에 근접한다.

고려가요의 후렴구에 '얄리, 얄라, 얄라셩'이 포함된 노래가 적지 않다. 단순한 후렴구인지 어떤 뜻의 말이었는지 명확지가 않다. 필자가 최근에 편집한 여진어 사전을 보면 '얄라'와 '얄리'가 있다.

yala 閑 牙剌 實 譯 가득하다 full, 사실 fact.
yali 羑休 牙里 肉 譯 살코기 flesh.

후렴구가 이러한 단어들과 연관이 있었다면 '얄리 얄리 얄라'는 '고기가 가득하다', '얄라셩 얄라'는 '확인된 사실'이라는 말일 것도 같으나 어느 것도 확정하여 말하기 어렵다. 살피건대 대국I이 큰 나라와 어떤 관계가 있는지 필자는 도통 알 길이 없고 어떤 잔치 자리만이 연상되고 있다.

대국 II
Daeguk II

출전: 시용향악보74~76; 평조
오선보작업 최범영

[해설]

대국II는 어떠한 상황을 노래하는 건지 필자는 정확히 이해하지 못했다. 5부 상서가 출연하고 그들이 천자를 지킨다고 하는 듯하다. 이 노래의 주인공은 천자 대왕과 'ᄉᆞ랑' 대왕 두 분임에는 틀림이 없다. 두 분이 오는 날 목숨 복을 나누어 달라고 비니 종교음악인 듯도 하다. 혹시 회회 세자 소상을 모셨다는 대국 신당에서 불린 노래일까? 그 때 일은 그 때 그 곳 사람들만 알 뿐.

대국 III
Daeguk III

출전: 시용향악보76~78; 평조

노래 최범영
오선보작업 최범영

[해설]

　대국Ⅲ은 전문가에 의해 4/4박자의 곡으로 복원된 바 있으나 쌍화점C처럼 장구 장단마다 점4분음표를 배당하는 12/8박자 곡으로 필자는 보았다.

　대국도 소국이고 소국도 대국이라 말하고 있다. 나라가 크든 작든 소반에 담긴 붉은 목단처럼 섞이여 잘 지내자고 한다. 땅만 크다고 대국도 아니며 땅이 작다고 소국도 아니라는 저 의식 속에는 무엇이 담겨 있었을까? 진짜 외국 사신을 맞이하는 자리에서 이 노래를 불렀다면 이 노래를 들으며 대신들은 무엇을 연상하고 있었을까? 이 노래를 들으니 필자는 갑자기 배포가 커진다.

한림별곡A
Hallimbyeolgok A: Song of Academicians

고종때 翰林諸儒 작곡
노래 최범영
오선보작업 최범영

출전: 악/0:대악후보6권+ 1-8: 고려사 악지+악장가사; 평조

0	元	淳	文	仁老	詩	公	老	四	六
1	元	淳순	文	仁老인노	詩詩	公	老	四ᄉ	六
2	唐	漢	書	莊老	子	韓	柳	文	集
3	眞	卿	書	飛白	書	行	書	草	書
4	黃	金	酒	柏子	酒	松	酒	禮	酒
5	紅	牡	丹	白牡	丹	丁	紅	牡	丹
6	阿	陽	琴	文卓	笛	宗	武	中	笒
7	蓬	萊	山	方丈	山	瀛	州	三	山
8	唐	唐	唐	唐楸	子	皂	莢	남	긔

李正	言	陳翰	林	雙韻	走	筆
李正니정	言	陳翰	林	雙韻	走	筆
李杜	集	蘭臺	集	白樂	天	南
篆籒	書	蝌蚪	書	虞世	南	皮
竹葉	酒	梨花	酒	五加	皮	酒
紅芍	藥	白芍	藥	丁紅	芍	藥
帶御	香	玉肌	香	雙伽	耶	琴
此三	山	紅樓	閣	婥妁	仙	子
紅실	로	紅글	위	미요	이	다

冲基	對	策	先鈞	經義	良鏡	詩賦	위
冲基둥긔	對	策	光鈞	經義	良鏡	詩賦	偉
毛詩	尙	書	周易	春秋	周戴	禮記	위
羊	鬚筆	鼠	鬚筆	吳生	劉生	兩先	生위
鸚	鵡盞	琥	珀杯	劉伶	陶潛	兩仙	翁위
御榴	玉	梅	黃紫	薔薇	芷芝	冬柏	위
金善	琵	琶	宗智	嵇琴	薛原	杖鼓	위
綠髮	額	子	錦繡	帳裏	珠簾	半捲	위
혀고	시	라	밀오	시라	鄭少	年하	위

[해설]

한림별곡翰林別曲이 고려사 악지에 속악의 범주에 들어있고 한문 가사 또한 기재되어있다. 한림별곡A의 악보는 대악후보를 바탕으로 작성하였다. 이 정간보에서도 세로 한 줄에 장구장단 최대 일곱 개가 배치되어 있다. 여덟 개에 해당되는 것으로 볼 때 12/8박자의 노래로 필자는 보았다. 대악후보에는 한자와 한글 가사가 적혀있는 반면 고려사 악지에는 한글 가사에 해당하는 부문을 이어俚語, 속된 말이라고 표현하며 아무것도 적지 않았다. 학자이니 적어도 한문을 써야 유식하고 격조가 있는 것으로 고려사 편찬자는 생각했을지도 모른다.

한림별곡의 1절에 출연하는 학사에는 유원순兪元淳, 이인로李仁老, 이공로李公老, 정언正言 이규보李奎報, 한림학사 진화陳澕, 유충기劉冲基, 민광균閔光鈞, 김양경金良鏡, 금의琴儀 등이다. 이들은 고려 고종 때 문신인 셈이다. 고종은 1192년에 태어났으며 1213년~1259년 사이 임금자리에 있었다고 한다.

한림별곡에는 당시 통용되던 다양한 아이템들이 소개되고 있다. 첫째는 선비가 읽어야 할 고전 문헌 목록이 있다. 다음으로 붓과 술잔, 꽃, 술, 악기 등이 있다.

당시 쓰던 악기들도 소개되고 있고 그 앞에 오는 명사는 사람을 이르는 것 같다. 아양의 거문고[阿陽琴], 문탁文卓의 젓대[笛], 종무宗武의 중금中笒, 대어향帶御香과 옥기향玉肌香의 쌍가야금雙伽耶琴, 김선金善의 비파琵琶, 종지宗智의 혜금嵆琴, 설원薛原의 장고杖鼓. 아마 이들은 개경에 사는 사람들인 것 같은데 궁중에서 한림별곡을 공연하는 데 참가한 여성 노릇바치(텔런트, 女妓)들과 악관樂官들일 수도 있을 것 같다. 이들을 궁궐 마당에 배치하고 나니 잔치분위기가 난다. 여기에 술 한잔을 돌려야겠다.

황금주黃金酒, 잣술柏子酒, 솔술松酒, 담근술醴酒, 죽엽주竹葉酒, 이화주梨花酒, 오가피주五加皮酒 대령이오. 앵무잔鸚鵡盞과 호박배琥珀杯 대령이오.

잔치가 무르익어 얼굴이 불콰해진 유원순이 글을 짓겠다고 지필묵을 대령하라 하니 두어번 손가락질을 하며 이인로가 나서 시를 짓겠다고 운을 띄워 달라고 한다. 그 때 정언 이규보가 나서 입바른 소리를 하려다 이공로의 사륙변려문 낭독 소릴 듣고 손사래를 치고 만다. 어쩌면 이런 장면들이 그려지는 한림원의 모습은 그야말로 태평성대의 모습 같기도 하다. 그런 선비의 나라를 그들은 후대의 정도전처럼 꿈꾸었을지도 모르겠다.

　고려 고종 때는 몽골군이 쳐들어와 온통 난리가 난 상황에서 삼별초가 겨우 버티던 때이기도 하다. 그런 와중에 문신들이 벌인 판을 보노라니 17세기 백두산이 여러 번 분화하고 기후는 소빙하기에 들어 30만~50만이 굶어죽는 판에 3년상을 치러야 한다, 1년상이면 족하다, 하며 오랫동안 예송논쟁에 매몰되었던 조선시대 사대부의 모습이 겹치는 건 참으로 슬프기도 하다. 하긴 고려 무신정권 시대에 문신이 할 일도 별반 없었을 것 같기는 하다.

　악장가사를 보면 후반부 앞에 葉이라고 표시를 하였다. 후렴에 해당될 법도 한데 영어로는 refrain 또는 코러스chorus라고 한다. 혹시 이후 합창을 한 것일까? 궁금해진다.

한림별곡 B
Hallimbyeolgok B: Song of Academicians

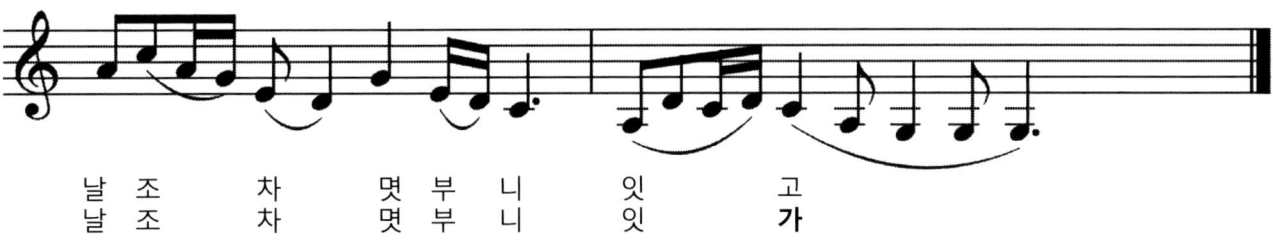

| 날 | 조 | 차 | 몇 | 부 | 니 | 잇 | 고 |
| 날 | 조 | 차 | 몇 | 부 | 니 | 잇 | 가 |

[해설]

　한림별곡B는 금합자보의 정간보를 옮긴 것이다. 한림별곡A에서는 마디의 첫음에 두 글자를 두는 것은 창법에 따른 것으로 보인다. 시조 창에서처럼 음을 끌어 노래하는 창법에 기인했을 가능성도 있다. 의문문에서 의문형 어미는 의문사가 있을 때 중세한국어에서는 /~고/인데 이후 현대한국어에서 의문형 어미는 /가/로 통일이 된다. 그런가 하면 경상방언에서는 바뀌지 않고 지금도 그러하다. 이러한 면에서 금합자보와 대악후보를 비교해 보면 앞의 경우처럼 /~고/인 경우가 금합자보이고 대악후보에는 /~고/와 /~가/ 함께 쓰이고 있다.

정읍사: 백제 가요
Jeongeupsa: a Baekje Song

출전: 대악후보7권+ 악학궤범5권; 계면조   오선보작업 최범영

아 으　　　다 롱 디 리

[해설]

　백제가요 정읍사에 해당될 대악후보의 정읍井邑은 가사가 수록되지 않아 연주곡으로만 쓰인 것인지 알 길이 없다. 필자는 정읍의 장단을 4/4박자 또는 8/4박자로 생각한다. 다만 후렴구인 '어긔야 어강됴리'와 '아으 다롱디리'에 해당되는 부분이 보여 이의 위치는 짐작할 수 있지만 나머지 가사에 대해서는 명확지가 않아 유보하였다. 악학궤범에 실린 정읍사는 여창으로 가사는 다음과 같다.

前腔　돌하 노피곰 도두샤
　　　어긔야 머리곰 비취오시라
　　　어긔야 어강됴리
小葉　아으 다롱디리
後腔　全져재 녀러신고요
　　　어긔야 즌 디를 드디욜셰라
　　　어긔야 어강됴리
過篇　어느이다 노코시라
金善調　어긔야 내 가논 디 졈그를셰라
　　　어긔야 어강됴리
小葉　아으 다롱디리

고려가요의 악보와 해설
  담산연구소 Damsan Institute 2022-1
1판 1쇄 발행 2022년 11월 23일
지은이   최범영
펴낸곳   나무바야
출판등록 제 2022-000005호
주소 충북 옥천군 이원면 백지3길 41번지
이메일 soboul@naver.com
ISBN 979-11-980613-1-7
값 20,000원

ⓒ 최범영 2022
  · 잘못된 책은 바꿔드립니다.
  · 이 책은 저작권법의 보호를 받는 책으로
    무단 전재나 복제를 금합니다.
유튜브 고려가요tv를 통해 초벌 음원을 감상하실 수 있습니다.